AF389921

ÉCOLE
DU PELOTON

EXTRAIT

DU RÈGLEMENT

CONCERNANT L'EXERCICE ET LES MANŒUVRES

DE L'INFANTERIE

DU PREMIER AOUT 1791.

A TURIN,

De l'Imprimerie de Vincent Bianco

au palais de l'Académie.

RÈGLEMENT

Concernant l'exercice et les manœuvres
de l'Infanterie.

Du premier août 1791.

———

TITRE PREMIER.

Formation d'un régiment en ordre de bataille.

QUELLE que soit la place d'une brigade dans
l'ordre de bataille, le plus ancien des deux régimens dont elle sera composée, sera placé à la droite,
et le moins ancien à la gauche.

Quelle que soit la place des régimens dans leur
brigade, le premier bataillon de chacun sera placé
à la droite, et le second à la gauche; l'intervalle
entre les bataillons sera de huit toises.

Le premier bataillon de chaque régiment sera
composé de la première compagnie de grenadiers, et
des compagnies des premier, troisième, cinquième,
septième, neuvième, onzième, treizième et quin-
zième capitaines de fusiliers du régiment.

Le second bataillon de chaque régiment sera composé de la seconde compagnie de grenadiers, et des
compagnies des deuxième, quatrième, sixième, huitième, dixième, douzième, quatorzième et seizième
capitaines de fusiliers du régiment.

Dans le premier bataillon, les compagnies de fusiliers seront placées de la droite à la gauche, dans
l'ordre suivant : 1.re, 9., 3., 11., 5., 13., 7., 15.

4 Dans le second bataillon, les compagnies de fusiliers seront également placées de la droite à la gauche, dans l'ordre suivant : 2.e, 10., 4., 12., 6., 14., 8., 16.

Lorsque les deux bataillons d'un régiment se trouveront séparés, cet ordre aura lieu par bataillon, et, à leur réunion, il sera rétabli sur la totalité du régiment.

Les deux compagnies de grenadiers seront dénommées première et seconde, d'après le rang d'ancienneté des capitaines qui les commandent ; la première sera placée à la droite du premier bataillon, et la seconde à la gauche du second bataillon.

Chaque bataillon sera partagé en deux demi-bataillons, désignés par les noms de *demi-bataillon de droite*, et *demi-bataillon de gauche*.

Chaque compagnie, soit de grenadiers ou de fusiliers, formera un peloton, et les pelotons seront désignés par les noms de *premier, second, troisième, quatrième, cinquième, sixième, septième et huitième*, de suite en commençant par la droite et finissant par la gauche de chaque bataillon. Le peloton des grenadiers de chaque bataillon ne sera point compris dans ce nombre, et conservera sa dénomination de *grenadiers*.

Le premier et le second peloton de chaque bataillon formeront la première division, les troisième et quatrième pelotons la seconde division, les cinquième et sixième pelotons la troisième division : enfin les septième et huitième pelotons formeront la quatrième division.

Chaque peloton sera partagé en deux parties égales, qui seront désignées par le nom de *section* ; celle de droite sera appelée *première section*, celle de gauche *seconde section*.

Chaque compagnie sera formée par rang de taille, de la droite à la gauche, quelle que soit sa place dans le bataillon : le tiers composé des plus grands hommes formera le premier rang ; le tiers composé des plus petits formera le second rang; et l'autre tiers le troisième rang.

La distance d'un rang à l'autre sera d'un pied, lequel sera mesuré de la poitrine des hommes du second et du troisième rang, au dos de l'homme qui les précède respectivement dans leur file, ou à son havresac, quand le soldat sera chargé.

Les régimens étant sur le pied de paix, lorsqu'ils devront manœuvrer par bataillon ou par régiment, les pelotons seront formés sur deux rangs, afin d'occuper à-peu-près la même étendue qu'ils occuperaient sur trois rangs, au pied de guerre : on égalisera les pelotons dans chaque bataillon, en reversant à cet effet, s'il y a lieu, des hommes d'une compagnie dans l'autre.

La compagnie de grenadiers de chaque bataillon restera attachée à son bataillon, lorsqu'il devra exercer séparément; mais lorsqu'on devra exercer par régiment, celle du second bataillon ira se réunir à la première, et se placera à sa gauche. Les deux compagnies réunies formeront deux pelotons d'égale force, qui seront désignés par les noms de *premier* et de *second peloton de grenadiers.*

Places des officiers et sous-officiers dans l'ordre de bataille.

(PL. I.re) Le capitaine à la droite de sa compagnie ou peloton, au premier rang.

Le lieutenant en serre-file, à deux pas derrière le centre de la seconde section.

Le sous-lieutenant en serre-file, à deux pas derrière le centre de la première section.

Le sergent-major derrière la droite de la seconde section, en serre-file.

Le premier sergent derrière le capitaine au troisième rang; ce sergent sera désigné dans les évolutions sous le nom de *sous-officier de remplacement,* et sera guide de droite de son peloton.

Le second sergent derrière la gauche de la seconde section en serre-file ; ce sergent sera guide de gauche de son peloton dans les évolutions.

Dans le huitième peloton du premier bataillon, le second sergent sera placé à la gauche du premier rang du bataillon, ayant derrière lui un caporal au troisième rang.

Il en sera de même au second bataillon dans le peloton, soit de grenadiers, soit de fusiliers, qui fermera la gauche de ce bataillon.

Le caporal-fourrier à la garde du drapeau de son bataillon.

Les caporaux dans le rang seront placés à la droite et à la gauche de leur peloton, suivant leur taille, et de préférence au premier et au troisième rangs.

Le remplacement des officiers et sous-officiers se fera de grade en grade dans chaque compagnie ; mais en l'absence du capitaine et du lieutenant d'une compagnie, le commandant du régiment pourra, lorsqu'il le jugera nécessaire, envoyer un lieutenant d'une autre compagnie, pour commander, pendant la manœuvre, celle dont le capitaine et le lieutenant se trouveraient absens.

Lorsque les régimens seront sur le pied de guerre, le troisième sergent de chaque compagnie se placera en serre-file derrière la gauche de la première section de son peloton.

Places des officiers supérieurs, adjudans-majors et adjudans.

Le colonel et les deux lieutenans-colonels seront à cheval ; les adjudans-majors et adjudans seront à pied.

Le colonel sera placé à trente pas en arrière du rang des serres-files, vis-à-vis le centre de l'intervalle qui sépare les deux bataillons de son régiment.

Chaque lieutenant-colonel à vingt pas en arrière du rang des serre-files de son bataillon, vis-à-vis la file du drapeau ;

L'adjudant-major de chaque bataillon, à huit pas

en arrière du rang des serre-files de son bataillon, vis-à-vis le centre du demi-bataillon de droite :

L'adjudant de chaque bataillon à huit pas en arrière des serre-files, vis-à-vis le centre du demi-bataillon de gauche.

Places des tambours et musiciens.

Les tambours de chaque bataillon, formés sur un rang si le régiment est sur le pied de paix, sur deux rangs s'il est sur le pied de guerre, seront placés à quinze pas derrière le cinquième peloton de leur bataillon : le tambour-major sera à la tête des tambours du premier bataillon, et le caporal-tambour à la tête de ceux du second. Les musiciens sur un rang, seront placés à deux pas derrière les tambours du premier bataillon.

Garde du drapeau.

La garde du drapeau de chaque bataillon, composée de huit caporaux-fourriers des compagnies des fusiliers, sera placée à la gauche de la seconde section du quatrième peloton, et fera partie de cette section.

Le premier rang de cette garde sera composé du sergent-major qui portera le drapeau, et deux caporaux-fourriers, placés l'un à sa droite et l'autre à sa gauche.

Les deux autres rangs seront formés chacun de trois caporaux-fourriers.

Les caporaux-fourriers porteront, ainsi que les sous-officiers placés derrière les chefs de peloton et les sous-officiers de serre-file, l'arme dans le bras droit.

On placera de préférence au second rang de la garde du drapeau les trois caporaux-fourriers qui auront le plus de régularité et de perfection, tant pour la position sous les armes, que pour la marche.

Le colonel, et en son absence le commandant du régiment, choisira dans chaque bataillon le sergent-major qui devra porter le drapeau. Il est de la plus grande importance pour la marche en bataille, que ce sergent-major soit exercé avec le plus grand soin à la précision du pas, tant pour la longueur que pour la cadence ; et à se prolonger, sans varier, sur une direction donnée.

Instruction des régimens.

Le colonel, et en son absence l'officier supérieur qui commandera chaque régiment, sera responsable de l'instruction générale des officiers, sous-officiers et soldats du régiment.

Instruction des officiers.

L'instruction des officiers devant embrasser tout ce qui est compris dans les trois écoles du soldat, du peloton et du bataillon, et ne pouvant être solidement établie qu'en joignant la théorie à la pratique, il y aura dans chaque régiment une instruction de théorie indépendamment des exercices sur le terrain.

En conséquence le commandant de chaque régiment assemblera les officiers aussi souvent qu'il le jugera nécessaire, soit chez lui, soit chez l'officier supérieur de chaque bataillon, pour leur expliquer ou faire expliquer tous les principes relatifs à ce différentes écoles.

Nul officier ne sera réputé instruit, que lorsqu'il sera en état de commander et d'expliquer parfaitement tout ce que renferment les trois écoles susdites.

On ne s'attachera dans cette instruction qu'aux principes et à l'esprit des évolutions, sans jamais exiger que les officiers en apprennent littéralement le texte.

Les officiers seront exercés souvent, par un des officiers supérieurs, à la marche ; et on s'attachera avec le plus grand soin à leur faire contracter l'habitude de la bonne position sous les armes, de la formation régulière, ainsi que de la longueur et de la cadence du pas.

Instruction des sous-officiers.

L'instruction des sous-officiers embrassera l'école du soldat et celle du peloton; et ils seront tenus de savoir exécuter eux-mêmes avec précision, outre le maniement des armes qui leur est particulier, tout ce qui a rapport au maniement des armes du soldat, aux feux et à la marche.

Les adjudans-majors et adjudans devant être spécialement chargés de l'instruction des sous-officiers, les chefs de régiment commenceront par s'assurer de l'instruction desdits adjudans-majors et adjudans, et les rendront ensuite responsable de celle des sous-officiers.

Les adjudans-majors et adjudans commenceront par instruire avec le plus grand soin tous les sergens-majors, et deux sous-officiers par compagnie, les plus intelligens.

Ces sous-officiers étant solidement instruits, en choisiront chacun deux ou trois autres dans leurs compagnies respectives, et les instruiront de la même manière, sous la surveillance des adjudans et sergens-majors.

Cette première instruction qui n'embrassera que l'école du soldat, étant assurée, on réunira les sous-officiers de chaque bataillon, pour en former un peloton, sur trois rangs, auquel on attachera un chef de peloton, un sous-officiers de remplacement et de serre-files : ce peloton sera exercé par l'adjudant-major ou l'adjudant, dans la progression indiquée dans l'école de peloton.

Cette instruction ayant principalement pour objet de mettre les sous-officiers en état de bien instruire les recrues, on leur expliquera tous les principes des deux premières écoles, d'abord sur le terrain, et ensuite dans les théories particulières, lesquelles devront comprendre aussi les diverses fonctions des guides dans les exercices de bataillon.

Et afin que cette instruction soit ensuite constamment maintenue, les adjudans-majors et adjudans assembleront de temps en temps les sous-officiers, soit pour les exercices sur le terrain, soit pour la théorie dans les chambres.

A mesure qu'il arrivera des mutations dans la colonne des sous-officiers, les sergens-majors seront tenus d'instruire les nouveaux sergens et caporaux, chacun dans leur compagnie, et adjudans-majors et adjudans y tiendront la main avec soin.

Les commandans des régimens feront exercer fréquemment les pelotons des drapeaux et les guides-généraux à la marche en bataille. On s'attachera avec une attention scrupuleuse à faire contracter aux porte-drapeaux l'habitude de se prolonger sans varier sur une direction donnée, et à observer avec la plus grand précision la longueur, ainsi que la cadence du pas.

TITRE II, PARTIE I.

École du soldat.

Cette école, qui a pour objet l'instruction des recrues, devant influer d'une manière sensible sur l'instruction des compagnies, dont dépend celle des bataillons et des régimens, doit être établie et surveillée avec le plus grand soin par les officiers supérieurs: elle sera spécialement dirigée et commandée par les adjudans-majors, qui répondront au commandant du régiment de l'exactitude et des progrès de l'instruction: en conséquence, l'un des deux adjudans-majors, à tour de rôle, ainsi que l'un des deux adjudans, y assisteront constamment.

Les nouveaux officiers seront toujours employés

pendant six mois au moins à l'école des recrues, sous les ordres des adjudans-majors, et ne pourront en être exemptés que sur l'ordre du commandant du régiment, et lorsqu'il seront en état d'exécuter eux-mêmes, de bien commander et d'expliquer clairement tout ce qui sera prescrit dans l'école du soldat et dans celle du peloton.

Les chefs des compagnies, devant être responsables envers le commandant du régiment et l'officier supérieur de leur bataillon, de l'instruction générale de leurs compagnies respectives, ne perdront pas de vue celle de leurs recrues; ils désigneront en conséquence les sergens et caporaux qui devront les former, et chargeront les officiers et les sergens-majors de leur compagnies, de veiller au progrès de leur instruction.

Il y aura toujours, autant que possible, un rendez-vous général indiqué pour le rassemblement des recrues de chaque régiment, et l'un des officiers supérieurs y assistera, lorsque leurs occupations leur permettront.

Lorsqu'il y aura un certain nombre de recrues en état de passer à l'école du peloton, l'adjudant-major les réunira et les fera exercer, soit par un des nouveaux officiers attachés à l'école, soit par un sous-officier; il surveillera lui-même cette instruction, et y fera observer la progression prescrite dans l'école du peloton.

Lorsque l'adjudant-major jugera qu'une ou plusieurs des recrues qui composent ce peloton sont en état de passer au bataillon, il en fera prévenir les chefs des compagnies dont seront ces hommes, et les fera exercer en leur présence; les chefs des compagnies prononceront ensuite, s'il les trouvent suffisamment instruits, leur admission au bataillon.

DIVISION DE L'ECOLE DU SOLDAT.

L'école du soldat sera divisée en trois parties. La première partie comprendra ce qu'on doit enseigner à l'homme de recrue, avant de lui faire porter l'arme.

La seconde comprendra le maniement des armes, les charges et les feux.

La troisième comprendra les différens pas, les principes de la marche de front et de flanc, des alignemens, des conversions et des changemens de direction.

Chaque partie sera divisée en quatre leçons, ainsi qu'il suit :

Première partie.

1.re LEÇON. { Position du soldat sans armes.
{ Mouvement de tête à droite et à gauche.
2.e LEÇON. A droite, à gauche, demi-tour à droite.
3.e LEÇON. Principes du pas ordinaire direct.
4.e LEÇON. Principes du pas oblique.

Seconde partie.

1.re LEÇON. Principes du port d'armes.
2.e LEÇON. Maniement des armes.
3.e LEÇON. Les charges précipitées et à volonté.
4.e LEÇON. Les feux directs, obliques et de deux rangs.

Troisième partie.

1.re LEÇON. Réunion de cinq à neuf hommes pour la marche
de front et les différens pas.
2.e LEÇON. Marche de flanc.
3.e LEÇON. Principes d'alignement.
4.e LEÇON. Principes de conversion et changemens de direction.

Chaque leçon sera suivie d'observations, qui auront pour objet de démontrer l'utilité des principes qu'on y aura prescrits. Les instructeurs ne sauraient trop s'attacher à les étudier et à en faire l'application, lorsqu'ils instruiront des recrues.

Le ton de commandement sera toujours animé.

et d'une étendue de voix proportionnée au nombre des recrues qu'on exercera.

Il y aura deux sortes de commandement, les commandemens d'*avertissement*, et ceux d'*exécution*.

Les commandemens d'*avertissement*, qui seront distingués dans l'ordonnance par des lettres italiques, seront prononcés distinctement et dans le haut de la voix, en alongeant un peu la dernière syllabe.

Les commandemens d'*exécution* seront distingués dans l'ordonnance par des majuscules, et seront prononcés d'un ton ferme et bref.

Les commandemens dont l'énonciation sera séparée dans l'ordonnance par des tirets, seront coupés de même en les prononçant.

Les instructeurs expliqueront toujours ce qu'ils enseigneront, en peu de paroles, claires et précises; ils exécuteront toujours eux-mêmes ce qu'ils commanderont, afin de donner ainsi l'exemple en même temps qu'ils expliqueront le principe. Ils s'attacheront à accoutumer l'homme de recrue à prendre de lui-même la position qu'il devra avoir, et ne le placeront eux-mêmes, que lorsque son défaut d'intelligence les y obligera.

PREMIERE PARTIE.

1. La première partie de l'école du soldat sera toujours enseignée, autant que possible, homme par homme, et au plus, à deux ou trois hommes réunis; lorsque le nombre des recrues à dresser, et celui des instructeurs qu'on y pourra employer, y obligeront, on les placera alors sur un rang, à un pas de distance l'un de l'autre : le soldat sera sans armes.

PREMIERE LEÇON.

Position du soldat.

2. (PL. III, fig. 1 et 2). Les talons sur la même ligne, et rapprochés autant que la conformation de

l'homme le permettera; les pieds un peu moins ouverts que l'équerre, et également tournés en dehors; les genoux tendus sans les roidir; le corps d'à-plomb sur les hanches, et penché en avant, les épaules effacées et également tombantes: les bras pendans naturellement, les coudes près du corps; la paume de la main un peu tournée en dehors; le petit doigt en arrière et contre la couture de la culotte; la tête droite sans être gênée; le menton rapproché du cou sans le couvrir; les yeux fixés à terre, à environ quinze pas devant soi.

3. *Observations relatives à la position du soldat.*

Les talons sur la même ligne;

Parce que s'il y en avait un qui fût plus en arrière que l'autre, l'épaule du même côté s'effacerait, ou bien la position du soldat serait gênée.

Les talons plus ou moins rapprochés;

Parce que les hommes cagneux, et ceux qui ont la jambe forte, ne peuvent pas les joindre.

Les pieds également tournés en dehors, et point trop ouverts;

Parce que, si un pied était plus tourné en dehors que l'autre, il entraînerait l'épaule, et que, si les pieds étaient trop tournés, il ne serait pas possible de faire porter le haut du corps en avant, sans que la position ne devînt chancelante.

Les genoux tendus, mais sans roideur;

Parce que, si l'homme les roidissait, il en résulterait pour lui de la gêne et de la fatigue.

Le corps d'à-plomb sur les hanches;

Parce que c'est le seul moyen de donner à l'homme un parfait équilibre. L'instructeur observera que la plupart des recrues ont la mauvaise habitude de pencher une épaule, de creuser un côté ou d'avancer un hanche, sur-tout la hanche gauche, lorsqu'on leur fait porter l'arme, et il s'attachera à corriger ces défauts.

Le haut du corps penché en avant;

Parce que les hommes de recrue sont ordinairement disposés à faire le contraire, à avancer le ventre, à creuser les reins et renverser les épaules, quand il veulent se tenir droits; ce qui a de grands inconvéniens dans la marche, ainsi qu'il sera expliqué dans les observations sur les principes du pas. L'habitude de pencher le haut du corps en avant, est si importante à faire contracter, que l'instructeur doit dans les commencemens, rendre cette position même forcée sur-tout pour les hommes dont la position naturelle présenterait la disposition contraire.

Les épaules effacées;

Parce que, si l'homme avait les épaules en avant et le dos voûté, ce qui est le défaut ordinaire des hommes de la campagne, il ne pourrait ni s'aligner ni manier son arme avec adresse; il est donc très-important de corriger ce défaut; en conséquence, l'instructeur aura attention que l'habit et la veste des recrues aient ampleur nécessaire, pour ne pas gêner la position qu'on voudra leur donner, et à ne pas rejetter les épaules trop en arrière en les faisant effacer, pour ne pas faire creuser les reins, ce qu'il faut éviter avec soin.

Les bras pendans naturellement, les coudes près du corps, la paume de la main un peu tournée en déhors, le petit doigt en arrière et contre la couture de la culotte;

Parce qu'il est important, soit pour la perfection du port d'armes, soit pour n'occuper dans le rang que l'espace nécessaire à pouvoir manier ses armes avec facilité que le soldat ait les coudes bien placés. Cette position des bras, des coudes et des mains, remplit ces divers objets, et a de plus l'avantage de faire effacer les épaules.

La tête droite sans être gênée;

Parce que, s'il y avait de la roideur dans la tête, elle se communiquerait à toute la partie supérieure du corps, dont elle gênerait les mouvemens; ce qui rendrait cette attitude pénible et fatigante.

Les yeux fixés droit devant soi;

Parce que la position de la tête directe est le plus sûr moyen d'accoutumer les soldats à maintenir leurs épaules carrément, principe essentiel auquel il faut les habituer avec le plus grand soin.

4. L'instructeur ayant donné à l'homme de recrue la position, il lui apprendra à tourner la tête à droite et à gauche; à cet effet, il commandera:

1. *Tête à droite.*

2. *Fixe.*

5. A la fin de la seconde partie du premier commandement, le soldat tournera la tête à droite sans brusquer le mouvement, de manière que le coin de l'œil gauche, du côté du nez, réponde à la ligne des boutons de la veste, les yeux fixés sur la ligne des yeux des hommes du même rang.

6. Au deuxième, il replacera de même la tête dans la position directe, qui doit être la position habituelle du soldat.

7. Le mouvement de *tête à gauche* s'exécutera par les moyens inverses.

8. L'instructeur veillera à ce que le mouvement de la tête n'entraîne pas les épaules, ce qui pourrait arriver si on le brusquait.

9. Lorsque l'instructeur voudra ensuite faire passer de l'état d'attention à celui de repos, il commandera:

Repos.

10. A ce commandement, le soldat ne sera plus tenu à garder l'immobilité, ni la position.

11. L'instructeur voulant lui faire reprendre l'une et l'autre, fera les commandemens suivans :

1. *Garde à vous.*

2. *Peloton.*

12. Au premier commandement, le soldat fixera son attention. Au deuxième, il reprendra la position prescrite, ainsi que l'immobilité.

DEUXIEME LEÇON.

A droite, à gauche, demi-tour à droite.

13. Les à-droite et les à gauche s'exécuteront en un temps, l'instructeur commandera :

1. *Peloton par le flanc droit (ou gauche).*

2. *A droite (ou gauche).*

14. Au deuxième commandement, le soldat tournera sur le talon gauche, élevant un peu de pointe du pied gauche, et rapportera en même temps le talon droit à côté du gauche, et sur la même ligne.

15. Le demi-tour à droite s'exécutera en deux temps ; l'instructeur commandera :

1. *Peloton.*

2. *Demi-tour - à droite.*

Premier temps.

16. Au commandement de demi-tour, faire un demi à droite, porter le pied droit en arrière, la boucle vis à-vis et à trois pouces du talon gauche, saisir en même temps la giberne par le coin avec la main droite.

Second tems.

17. Au commandement de à-droite, tourner sur les deux talons en élevant un peu les pointes des pieds, les jarrets tendus, faire face en arrière, rapporter en même temps le talon droit à côté du gauche, et lâcher la giberne.

18. Lorsque le soldat portera l'arme, il la tournera de la main gauche au premier temps du demi-tour à droite, comme il sera expliqué au premier mouvement de la charge, et la replacera dans la position du port d'armes, à l'instant où il rapportera le talon droit à côté du gauche.

19. L'instructeur observera que ces mouvemens ne dérangent pas la position du corps, qui doit demeurer incliné en avant.

TROISIÈME LEÇON.

Principes du pas ordinaire direct.

20. La longueur du pas ordinaire sera de deux pieds, à compter d'un talon à l'autre, et sa vitesse du 76 par minute.

21. L'instructeur voyant l'homme de recrue affermi dans la position, lui expliquera les principes et le mécanisme du pas, en se plaçant à trois ou quatre pas devant et face au soldat, en exécutant lui-même lentement le pas, afin de joindre ainsi l'exemple, en même temps qu'il expliquera le principe; il commandera ensuite :

1. *En avant.*

2. *Marche.*

22. (Pl. III, fig. 3.) Au premier commandement, le soldat portera le poids du corps sur la jambe droite.

23. Au deuxième commandement, il portera vivement, mais sans secousse, le pied gauche en avant, et deux pieds du droit, le jarret tendu, la pointe du pied un peu baissée et légèrement tournée en déhors, ainsi que le genou : portera en même temps le poid du corps en avant et posera, sans frapper, le pied gauche à plat, précisément à la distance où il se trouve du pied droit, tout le poids du corps se portant sur le pied qui pose à terre ; le soldat passera vivement, mais sans secousse, la jambe droite en avant, le pied passant près de terre, le posera à la même distance et de la même manière qu'il vient d'être expliqué pour le pied gauche, et continuera de marcher ainsi sans que les jambes se croisent, sans que les épaules tournent, et la tête restant toujours dans la position directe.

24. Lorsque l'instructeur voudra arrêter la marche, il commandra :

1. *Peloton.*

2. *Halte.*

25. Au deuxième commandement, qui sera fait à l'instant où l'un ou l'autre pied indifféremment, va poser à terre, le soldat rapportera le pied qui est derrière, à côté de l'autre, sans frapper,

26. *Observations relatives aux principes du pas.*

Porter le poids du corps sur la jambe droite, au commandement en avant ;

Pour disposer l'homme à pouvoir former plus vivement son premier pas, ce qui est fort essentiel en troupe.

La pointe du pied baissée, mais sans affectation ;

Parce que la pointe du pied baissée fait tendre le jarret, et dispose le pied à poser à plat.

La pointe du pied peu tournée en déhors ;

Parce que si on tournait les pieds trop en déhors, le corps serait sujet à chanceler.

Le haut du corps en avant ;

Afin que le poids du corps porte sur le pied qui pose à terre, que le pied qui est derrière, puisse se lever aisément, et que le pas ne soit pas raccourci.

Marcher le jarret tendu ;

Parce qu'une troupe ne pouvant, sans se gêner et se découdre, marcher comme si chaque homme était isolé, puisqu'il n'en existe pas deux qui marchent absolument de la même manière, il est nécessaire que les recrues apprennent à marcher un pas uniforme, qui soit marqué et cadencé ; sans quoi il n'y aurait point d'ensemble,

Passer le pied près de terre.

Parce que si les soldats levaient la jambe plus que cela est nécessaire, ils perdraient du temps et se fatigueraient inutilement. D'ailleurs, si, n'ayant pas un principe déterminé, il levaient la jambe ou pliaient les genoux, les uns plus, les autres moins, les pieds ne poseraient pas en même temps à terre, et il n'y aurait ni cadence, ni ensemble.

Poser le pied à plat sans frapper;

Afin d'éviter le balancement du corps et le raccourcissement du pas, qui auraient lieu nécessairement si le talon posait à terre le premier, ou si l'on frappait en posant le pied, ce dernier mouvement aurait encore l'inconvénient de fatiguer inutilment les soldats et de rompre la cadence, parce que les uns leveraient le pied plus, les autres moins.

La tête directe;

Parce que la position de la tête directe empêche que les épaules ne tournent, et fait que le soldat marche carrément.

27. L'instructeur indiquera de temps en temps à l'homme de recrue la cadence du pas, en faisant le commandement *un* à l'instant ou il lève le pied, et celui *deux* à instant où il devra le poser, et en observant la cadence de 76 à la minute. Cette méthode contribuera infiniment à bien imprimer au soldat les deux tems dont le pas est naturellement composé.

QUATRIEME LEÇON.

Principes du pas oblique.

28. La vitesse du pas oblique sera comme celle du pas ordinaire direct de 76 par minute: la longueur de ce pas va être indiquée ci-après.

29. Lorsque les soldats de recrue auront acquis l'habitude de bien former le pas direct, de les faire égaux en longueur et en vitesse, l'instructeur leur apprendra à marcher le pas oblique, et on le dé-

composera pour en faire mieux comprendre le mécanisme, ainsi qu'il suit.

30. (PL. II.) L'homme de recrue étant de pied ferme, l'instructeur lui fera porter le pied droit obliquement à droite en avant, à environ 24 pouces du gauche observant de faire tourner un peu la pointe du pied droite en dedans pour empêcher l'épaule gauche d'avancer : le soldat restera dans cette position.

31. Au commandement *deux* de l'instructeur, l'homme de recrue portera le pied gauche, par la ligne la plus courte, à environ 17 pouces en avant du talon droit, et restera dans cette position.

32. Il continuera à marcher de cette manière, aux commandemens *un*, *deux*, en arrêtant à chaque pas, ayant la plus grande attention à maintenir les épaules carrément et la tête directe.

33. Le pas oblique à gauche s'exécutera d'après les mêmes principes : le soldat partira d'abord du pied gauche.

34. Après quelques leçons de cette espèce, on fera marcher à l'homme de recrue le pas oblique à droite et a gauche, sans le décomposer, ce qui s'exécutera ainsi qu'il suit.

35. Le soldat étant en marche directe au pas ordinaire l'instructeur commandera :

1. *Oblique à droite.*

2. *Marche.*

36. Au deuxième commandement, qui sera fait à l'instant où le pied gauche pose à terre, l'homme de recrue commencera le pas oblique à droite, en observant de se conformer à ce qui a été prescrit ci-dessus, relativement à la formation, à la longueur des pas et à la carrure des épaules : mais sans s'arrêter sur chaque pas, et observant d'en faire 76 par minute.

37. Le pas oblique à gauche s'exécutera d'après les mêmes principes; l'instructeur fera le commandement *marche*, à l'instant où le pied droit pose à terre.

38. Pour reprendre la marche directe, l'instructeur commandera :

1. *En avant.*

2. *Marche.*

39. Au second commandement, qni sera fait à l'instant où l'un ou l'autre pied indifféremment pose à terre, le soldat reprendra la marche directe et le pas de deux pieds.

Observations relatives aux pas obliques.

40. L'instructeur veillera, comme dans la leçon précédente, à ce que le soldat marche le jarret tendu, que le poids du corps se porte sur le pied qui pose à terre, que les pieds se portent toujours par la ligne la plus courte à la place où ils doivent poser, que la tête reste toujours directe, et que les épaules ne tournent pas

41. On exercera beaucoup les hommes de recrue à marcher ce pas, qui est difficile dans les commencemens, mais très-utile dans les mouvemens de ligne ; c'est d'ailleurs un moyen excellent de leur donner de l'à-plomb, et de les habituer à maintenir la direction des épaules ; ainsi on les fera marcher obliquement cinquante ou soixante pas de suite, avant de leur faire reprendre la marche directe.

42. Lorsque l'homme de recrue saura bien former le pas oblique, l'instructeur ne s'attachera pas avec une précision rigoureuse à faire observer les mesures qui ont été prescrites pour ce pas : il donnera pour principe essentiel au soldat de gagner le plus de terrain possible de coté, et en avant dans la même proportion, sans déranger la ligne des épaules, qui doit toujours être la même que dans la marche directe.

Observations générales relatives au pas direct et oblique.

43. Pour juger si la position du corps est conforme aux principes qui ont été prescrits, si le pas se forme régulièrement, et si le poids du corps se

porte sur le pied qui pose à terre, l'instructeur se placera souvent à dix ou douze pas en avant, et face à l'homme de recrue; si alors il n'aperçoit pas la semelle des souliers, lorsqu'il lève et pose les pieds, s'il ne remarque aucun mouvement dans les épaules, ni balancement dans le haut du corps, il pourra être assuré que les principes sont bien observés.

44. Lorsqu'on montrera les principes du pas à deux ou trois hommes à la fois, on n'exigera point qu'ils s'occupent de l'alignement, pour ne pas trop partager leur attention; d'ailleurs, lorsqu'ils auront contracté l'habitude de faire des pas égaux en longueur et vitesse, ils auront acquis le vrai moyen de conserver l'alignement.

45. L'instructeur doit aussi observer, dans le même cas de la réunion de deux ou trois hommes, de les placer à un pas de distance l'un de l'autre, pour empêcher qu'ils ne prennent la mauvaise habitude d'écarter les coudes, ou de s'appuyer sur l'homme qui est à côté d'eux.

SECONDE PARTIE.

Port d'armes.

46. L'instructeur ne fera passer l'homme de recrue à cette seconde partie de l'école du soldat, que lorsqu'il sera bien affermi dans la position du corps et la formation du pas direct et oblique.

47. L'instructeur réunira alors trois hommes, qu'il placera sur un rang, coude à coude: il leur montrera le port d'armes ainsi qu'il suit:

PREMIÈRE LEÇON.

Principes du port d'armes.

48. L'homme de recrue étant placé comme il a été prescrit dans la première leçon de la première partie, l'instructeur lui fera relever la main gauche,

sans plier le poignet, et ne faisant agir que l'avant-
bras gauche; l'instructeur élevera alors le fusil perpendiculairement, et le placera de la manière suivante.

(PL. III, fig. 1 et 2.) L'arme dans la main gauche,
le bras très-peu ployé, le coude en arrière et joint
au corps sans le serrer, la paume de la main serrée
contre le plat extérieur de la crosse, son tranchant
extérieur dans la première articulation des doigts,
le talon de la crosse entre le premier et le second
doigt, le pouce par-dessus les deux derniers doigts
sous la crosse, qui sera appuyée plus ou moins en
arrière, suivant la conformation de l'homme, de
manière que l'arme vue de face reste toujours perpendiculaire, et que le mouvement de la cuisse
en marchant ne puisse pas la faire lever ni vaciller;
la baguette au défaut de l'épaule, le bras droit pendant naturellement, comme il a été prescrit dans
la première leçon de la première partie.

Observations relatives au port d'armes.

49. Il n'est pas rare de rencontrer des hommes
de recrue, qui aient des défauts naturels dans la
conformation des épaules, de la poitrine et des
hanches; l'instructeur doit s'efforcer de corriger,
autant que possible, ces défauts, avant que de
faire porter l'arme au soldat, et doit avoir ensuite
une attention suivie à régler le port d'armes selon
ces défauts de conformation, de manière que le
coup-d'œil général en soit uniforme, sans que les
hommes soient gênés dans leur position.

50. Il observera que les hommes de recrue sont
sujets à déranger la position du corps, lorsqu'ils
commencent à porter l'arme, et sur-tout à renverser les épaules, ce qui fait que l'arme manquant
de point d'appui, ils descendent la main gauche
pour empêcher que l'arme ne tombe, baissent l'é-

paule gauche, creusent le flanc, ouvrent les coudes, afin de reprendre l'équilibre, etc.

51. L'instructeur aura attention de corriger tous ces défauts et de rectifier continuellement leur position; il leur ôtera quelquefois l'arme pour la replacer ensuite, évitera de les fatiguer dans les commencemens, et s'attachera à leur rendre peu à peu cette position si naturelle et si facile, qu'ils puissent la conserver long-temps sans fatigue.

52. Enfin l'instructeur doit apporter beaucoup d'attention à ce que le port d'armes ne soit ni trop haut, ni trop bas; s'il était trop haut, ils feraient ouvrir le coude gauche, le soldat occuperait par-là trop d'espace dans le rang, et l'arme serait chancelante; s'il était trop bas, le soldat n'aurait pas l'espace nécessaire pour manier son arme avec liberté, parce que les files se trouveraient trop serrées, le bras gauche entraînerait l'épaule etc.

53. L'instructeur fera répéter les mouvemens de *tête à droite* et *à gauche*, ainsi que les *à droite* et les *à gauche*, et les *demi-tour à droite*, l'arme portée, avant de passer à la deuxième leçon.

SECONDE LEÇON.

Maniement des armes.

54. Le maniement des armes sera montré aux trois hommes placés d'abord sur un rang et coude à coude, et ensuite sur un file.

55. L'exécution de chaque commandement ne formera qu'un temps; mais ce temps sera divisé en mouvemens, afin d'en faire mieux connaître le mécanisme au soldat.

56. La dernière syllabe du commandement décidera l'exécution brusque et vive du premier mouvement; les commandemens *deux* et *trois* décideront celle des autres mouvemens. Dès que le soldat connaîtra bien la position des divers mouvemens

d'un temps, on lui montrera à l'exécuter sans s'arrêter sur ces différens mouvemens; mais il en observera le mécanisme, afin d'assurer l'arme et pour éviter les inconvéniens qui résultent de ce qu'on appelle *escamoter l'arme.*

57. Le maniement des armes sera montré dans la progression suivante; l'instructeur commandera,

CHARGE EN DOUZE TEMPS.

1. *Chargez -- vos armes.*

Un temps et deux mouvemens.

Premier mouvement.

58. Faire demi à droite sur le talon gauche, placer en même temps le pied droit en équerre derrière le talon gauche, la boucle appuyant contre le talon; tourner l'arme avec la main gauche, la platine en dessus, et saisir en même temps la poignée du fusil avec la main droite, l'arme d'àplomb et détachée de l'épaule, laisser la main gauche sous la crosse.

Deuxième mouvement.

59. Abattre l'arme avec la main droite dans la main gauche, qui viendra en même temps la saisir à la première capucine, le pouce alongé le long du bois, la crosse sous l'avant-bras droit, la poignée du fusil contre le corps à environ deux pouces au-dessous du teton droit, le bout du canon à hauteur de l'œil, la sous-garde un peu en déhors, le coude gauche appuyé sur le côté; en même temps que l'arme tombe dans la main gauche, le pouce de la main droite se placera contre la batterie, au-dessus de la pierre, les quatre autres doigts formés, l'avant-bras droit le long de la crosse.

2. *Ouvrez--le bassinet.*

Un tems et un mouvement.

60. Découvrir le bassinet, en poussant fortement la batterie avec le pouce de la main droite, la main gauche résistant et contenant l'arme, retirer aussi-tôt le coude droit en arrière, porter la main à la giberne, en la passant entre la crosse et le corps, et ouvrir la giberne.

3. *Prenez--la cartouche.*

Un temps et un mouvement.

61. Prendre la cartouche entre le pouce et les deux premiers doigts, et la porter tout de suite entre les dents, la main droite passant entre la crosse et le corps.

4. *Déchirez—la cartouche.*

Un temps et un mouvement.

62. (PL. III, fig. 4.) Déchir er la cartouche jus qu'à la poudre, la tenant près de l'ouverture entre le pouce et les deux premiers doigts, la descendre tout de suite et la placer perpendiculairement con-tre le bassinet, la paume de la main droite tournée vers le corps, le coude droit appuyé sur la crosse.

5. *Amorcez.*

Un temps et un mouvement.

63. Baisser la tête, porter l'œil sur le bassinet, le remplir de poudre, resserrer la cartouches près de l'ouverture avec le pouce et le premier doigt, rele-ver la tête et porter la main droite derrière la batte-rie, en appuyant les deux derniers doigts contre.

6 *Fermez—le bassinet.*

Un temps et un mouvement,

64. Résister de la main gauche, fermer fortement le bassinet avec les deux derniers doigts, tenant toujours la cartouche entre les deux premiers et le pouce ; saisir tout de suite la poignée du fusil avec les deux derniers doigts et la paume de la droite, le poignet droit joint au corps, le coude en arrière et un peu détaché du corps.

7. *L'arme--à gauche.*

Un temps et deux mouvemens.

Premier mouvement.

65. Redresser l'arme le long de la cuisse gauche, en appuyant fortement sur la crosse et étendant vivement le bras droit, sans baisser l'épaule droite ; tourner en même temps la baguette vers le corps, ouvrir la main gauche et laisser couler l'arme dans cette main jusqu'à la seconde capucine, le chien portant sur le pouce de la main droite ; faire en même temps *face en tête* en tournant sur le talon gauche, et porter le pied droit en avant, le talon contre la boucle du pied gauche.

Deuxième mouvement.

66. Lâcher alors le fusil de la main droite, descendre l'arme avec la main gauche le long et près du corps, remonter en même temps la main droite à hauteur et à un pouce de distance du canon, poser la crosse à terre sans frapper, la main gauche appuyée au corps au-dessus du dernier bouton de la veste, l'arme touchant la cuisse gauche, le bout du canon vis-à-vis le milieu du corps.

8. *Cartouche--dans le canon.*

Un temps et un mouvement.

67. (PL. III. fig. 5.) Porter l'œil sur le bout du canon, tourner brusquement le dessus de la main

droite vers le corps, pour renverser la poudre dans le canon, en élevant le coude à hauteur du poignet; secouer la cartouche, l'enfoncer dans le canon, et laisser la main renversée; les doigts fermés sans les serrer.

9. *Tirez — la baguette.*

Un temps et deux mouvemens.

Premier mouvement.

68. Baisser vivement le coude droit, et saisir la baguette entre le pouce et le premier doigt ployé, les autres fermés, la tirer vivement en alongeant le bras, les ongles en l'air; la ressaisir par le milieu entre le pouce et le premier doigt, la main renversée, la paume de la main en avant, et la tourner rapidement entre la baïonnette et le visage, en fermant les doigts, les baguettes des hommes du second et troisième rang rasant l'épaule droite de l'homme qui est immédiatement devant eux dans leur file, la baguette droite et parallèle à la baïonnette, le bras tendu, les yeux en l'air, le gros bout de la baguette vis-à-vis l'embouchure du canon, sans y être engagée.

Second mouvement.

69. Mettre le gros bout de la baguette dans le canon, et l'y enfoncer jusqu'à la main.

10. *Bourrez.*

Un temps et un mouvement.

70. (Pl. III, fig. 6.) Etendre le bras de sa longueur, en remontant la main droite pour saisir la baguette avec le pouce alongé, le premier doigt ployé et les autres fermés, la chasser avec force dans le canon deux fois de suite, et la ressaisir par le petit bout, entre le pouce et le premier doigt ployé, les autres fermés, le coude droit joint au corps.

11. *Remettez -- la baguette.*

Un temps et deux mouvemens.

Premier mouvement.

71. Comme au premier mouvement de *tirez la baguette*, porter le petit bout de la baguette à l'entrée des tenons, sans l'y engager.

Second mouvement.

72. Engager le petit bout dans le tenon, et faire glisser la baguette avec le pouce ; remonter vivement la main, la placer un peu ployée sur le gros bout.

12. *Portez — vos armes.*

Un temps et trois mouvemens.

Premier mouvement.

73. (PL. III, fig. 1.) Élever l'arme avec la main gauche, le long du corps, la main gauche à hauteur de l'épaule, le coude gauche ne quittant pas le corps, le canon en dehors, descendre en même temps la main droite, pour saisir l'arme à la poignée.

Second mouvement.

74. Élever l'arme de la main droite, lâcher alors la main gauche, la descendre et la porter sous la crosse ; rapporter en même temps le talon droit à côté du gauche et sur le même alignement, appuyer l'arme avec la main droite contre l'épaule, dans la position indiquée pour le port d'armes, la main droite touchant l'arme à la poignée, sans la serrer.

Troisième mouvement.

75. Laisser tomber vivement la main droite le long de la cuisse dans la position prescrite.

Apprêtez--vos armes.

Un temps et trois mouvemens.

POSITION DU PREMIER RANG.

(PL. VI, fig. 1.)

Premier mouvement.

76. Tourner l'arme, la platine en dessus, avec la main gauche, la saisir avec la main droite à la poignée, comme au premier mouvement de la charge, et rester *face en tête*, en tournant seulement la pointe du pied gauche un peu en dedans.

Second mouvement.

77. Porter vivement le pied droit en arrière, le talon en l'air, les doigts du pied ployés, poser le genou à terre à dix ou douze pouces en arrière, et à environ six pouces sur la droite du talon gauche, observant de ne pas tomber brusquement; descendre en même temps l'arme avec la main droite, la saisir avec la main gauche à la première capucine, poser la crosse à terre sans frapper, la placer devant la cuisse droite, de manière que le bec de la crosse soit vis-à-vis le talon gauche, saisir en même temps le chien avec le pouce et le premier doigt de la main droite.

Troisième mouvement.

78. Armer.

POSITION DU SECOND RANG.

(PL. IV, fig. 2.)

Premier mouvement.

Comme le premier mouvement de la charge.

Second mouvement.

79. Apporter l'arme avec la main droite au milieu du corps, placer la main gauche, le petit doigt joignant le ressort de la batterie, le pouce alongé le long du bois, à hauteur du menton, la contre-platine tournée presque vers le corps, la baguette vers le front du bataillon ; porter en même temps le pouce de la main droite sur la tête du chien, le premier doigt au-dessous et contre la sous-garde, les trois autres doigts joints au premier.

Troisième mouvement.

80. Fermer vivement le coude droit en armant, et saisir l'arme à la poignée.

POSITION DU TROISIÈME RANG.

(Pl. IV, fig. 3.)

Premier, second et troisième mouvemens.

Comme ceux du second rang.

Jouc.

Un temps et un mouvement.

81. (Pl. IV, fig. 4 et 5.) Abaisser brusquement le bout du canon, glisser vivement la main gauche jusqu'à la première capucine, appuyer la crosse contre l'épaule droite, le bout du canon un peu baissé, les coudes abattus sans être serrés au corps, fermer l'œil gauche, diriger l'œil droit le long du canon, abaisser la tête sur la crosse pour ajuster, placer le premier doigt sur la détente.

82. (Pl. IV, fig. 6.) Les hommes du troisième rang seulement porteront en même temps le pied droit à huit pouces sur la droite, vers le talon gauche de l'homme qui est à côté d'eux.

Redressez--vos armes.

Un temps et un mouvement.

83. Redresser fortement l'arme, et reprendre la position du troisième mouvement d'*apprêtez vos armes.*

Feu.

Un temps et un mouvement.

84. Appuyer avec force le premier doigt sur la détente, sans baisser davantage la tête, ni la détourner, et rester dans cette position.

Chargez.

Un temps et un mouvement.

85. Retirer brusquement l'arme, et prendre la position du deuxième mouvement du premier temps de la charge, excepté que le pouce de la main droite, au lieu de se placer contre la batterie, saisira la tête du chien avec le premier doigt ployé et les autres doigts fermés. Le premier rang se relèvra vivement sans pencher le corps en avant, mais en effaçant l'épaule droite, afin de ne point rencontrer l'arme du deuxième rang, et le troisième rang rapportera le pied droit derrière le gauche, la boucle contre le talon.

86. Lorsqu'étant dans cette position, l'instructeur voudra faire charger les armes, il commandera:

Le chien--au repos.

Un temps et un mouvement.

87. Relever le chien jusqu'au cran de repos, prendre garde de ne pas l'armer, porter aussi-tôt la main à la giberne, en la passant entre la crosse et le corps, et ouvrir la giberne.

88. Lorsqu'au lieu de faire charger les armes, l'instructeur voudra les faire porter, il commandera:

Portez--vos armes.

89. Au commandement *portez*, les soldats mettront le chien en repos, comme il vient d'être expliqué, fermeront le bassinet, et saisiront le fusil à la poignée; à celui *vos armes*, ils porteront les armes vivement, et feront face en tête.

(PL. V, fig. 1.) *Présentez -- vos armes.*

Un temps et un mouvement.

Premier mouvement:

90. Comme le premier mouvement de la charge, excepté que le soldat restera face en tête.

Second mouvement.

91. Achever de tourner l'arme avec la main droite, pour l'apporter d'à plomb vis-à-vis l'œil gauche, la baguette en avant, le chien à hauteur du dernier bouton de la veste, la main droite empoignant l'arme au-dessous et contre la sous-garde; l'empoigner en même temps brusquement avec la main gauche, le petit doigt contre le ressort de la batterie, le pouce alongé le long du canon, contre la monture, l'avant-bras collé au corps sans être gêné, rester *face en tête* sans bouger les pieds.

Portez -- vos armes.

Un temps et deux mouvemens.

Premier mouvement.

92. Tourner l'arme avec la main droite, le canon en dehors, l'élever et le placer contre l'épaule gauche avec la main droite; descendre la main gauche sous la crosse, la main droite restant libre sur la poignée.

Second mouvement.

93. Laisser tomber vivement la main droite à sa position.

Reposez – vous -- sur vos armes.

Un temps et deux mouvemens.

Premier mouvement.

94. Descendre l'arme en alongeant vivement le bras gauche, la saisir en même temps avec la main droite au-dessus et près de la première capucine ; lâcher l'arme de la main gauche, et la porter vivement vis-à-vis l'épaule droite, la baguette en avant, le petit doigt derrière le canon, la crosse à trois pouces de terre, la main droite appuyée à la hanche, l'arme d'à-plomb, la main gauche pendante sur le côté.

Second mouvement.

95. Laisser glisser l'arme dans la main, la laisser tomber sans frapper, et prendre la position qui va être indiquée.

Position du soldat reposé sur l'arme.

96. (PL. V, fig. 2.) La main basse, le canon entre le pouce et le premier doigt alongé le long de la monture, les trois autres doigts alongés et joints, le bout du canon à environ deux pouces de l'épaule droite, la baguette en avant, le talon de la crosse à côté et contre la pointe du pied droit, l'arme d'à plomb.

97. Lorsque l'instructeur voudra faire reposer dans cette position, il commandera :

Repos.

98. A ce commandement, le soldat passera la main droite étendue sur la baguette, et appuyera le bout du canon contre l'épaule droite.

99 Lorsque l'instructeur voudra ensuite faire passer le soldat de l'état de repos à celui d'immobilité, il commandera :

100. 1. *Garde à vous.*

2. *Peloton.*

101. Au second commandement, le soldat reprendra la position de *reposer sur les armes*, N.º 96.

Inspections des armes.

102. Le soldat étant dans la position de *réposer les armes*, l'instructeur commandera :

Inspection--des armes.

Un temps et un mouvement.

103. Faire un à droite et demie sur le talon gauche, en portant le pied droit à six pouces du gauche perpendiculairement, en arrière de l'alignement, les pieds en équerre, saisir l'arme brusquement de la main gauche à la hauteur du dernier bouton de la veste, incliner le bout du canon en arrière, sans que la crosse bouge, la baguette tournée vers le corps, porter en même temps la main droite à la baïonnette, la saisir par la douille et la branche, de manière que l'extrémité de la douille dépasse le talon de la main d'un pouce, et qu'en la tirant, le pouce s'alonge sur la lame : l'arracher du fourreau, la porter et la fixer au bout du canon; saisir aussitôt la baguette, et la tirer comme il est expliqué à *la charge en douze temps*; la laisser glisser dans le canon, se remettre aussitôt face en tête dans la position de *réposer sur les armes*, N.º 96.

104. Alors l'instructeur inspectera successivement l'arme de chaque soldat, en passant devant le rang. Chaque soldat, à mesure que l'instructeur passera devant lui élèvera vivement son arme de la main droite, la saisira avec la main gauche entre la gre-

mière capucine et le ressort de la batterie, la platine en dehors, la main gauche à la hauteur du menton, l'arme vis-à-vis l'œil gauche ; l'instructeur la prendra, et la lui rendra après l'avoir examinée ; le soldat la reprendra de la main droite, et la replacera à la position de *reposer sur les armes.*

105. Lorsque l'instructeur l'aura dépassé, il remettra de lui-même la baguette, en reprenant la position prescrite au commandement d'*inspection des armes*; après quoi il se remettra face en tête.

106. Si, au lieu de faire l'inspection des armes, l'inspecteur veut seulement faire mettre la baïonnette au bout du canon, il commandera :

Baïonnette -- au canon..

Un temps et un mouvement.

107. Prendre la position indiquée ci-dessus, mettre la baïonnette au bout du canon, comme il a été expliqué, et se mettre aussitôt face en tête.

108. Si, la baïonnette étant au bout du canon, l'instructeur veut faire mettre la baguette dans le canon, pour faire l'inspection des armes après avoir tiré, il commandera :

Baguette -- dans le canon.

Un temps et un mouvement.

109. Mettre la baguette dans le canon, comme il a été expliqué ci-dessus, et faire aussitôt face en tête, la remettre ensuite successivement, à mesure que l'arme de chaque soldat aura été inspectée.

110. Le soldat n'élèvera pas l'arme pour la présenter à l'instructeur lorsqu'il passera devant lui, l'instructeur devant seulement examiner si l'arme n'est point chargée ; il pourra, pour s'en assurer, prendre la baguette par le petit bout et la faire sauter dans le canon.

Vos armes -- à terre.

Un temps et deux mouvemens.

Premier mouvement.

111. Tourner l'arme de la main droite, la contre-platine en avant; saisir en même temps le coin de la giberne avec la main gauche; courber le corps brusquement, avancer le pied gauche, le talon vis-à-vis la première capucine; poser l'arme à terre droit devant soi avec la main droite, le talon de la crosse restant toujours à hauteur de la pointe du pied droit, le jarret droit un peu ployé, le talon droit élevé.

Second mouvement.

112. Se relever, rapporter le pied gauche à côté du droit; lâcher la bretelle de la giberne, et laisser tomber les deux mains à leur position.

Relevez -- vos armes.

Un temps et deux mouvemens.

Premier mouvement.

113. Comme le premier mouvement de *vos armes à terre.*

Second mouvement.

114. Relever l'arme, rapporter le pied gauche à côté du droit, et tourner aussitôt l'arme avec la main droite, la baguette en avant; lâcher en même temps la giberne, et laisser tomber la main gauche à sa position.

Portez -- vos armes.

Un temps et deux mouvemens.

Premier mouvement.

115. Élever vivement l'arme de la main droite, la porter contre l'épaule gauche en la faisant tourner, pour que le canon se trouve en dehors; placer en même temps la main gauche sous la crosse, et descendre la main droite contre la batterie.

Second mouvement.

116. Laisser tomber la main droite vivement à sa position.

(PL. V, fig. 3.) *L'arme -- au bras.*

Un temps et trois mouvemens.

Premier mouvement.

117. Empoigner brusquement l'arme à quatre pouces au-dessous de la platine, sans tourner l'arme et en l'élevant un peu.

Second mouvement.

118. Quitter la crosse de la main gauche, placer l'avant-bras gauche étendu sur la poitrine contre le chien, la main sur le teton droit.

Troisième mouvement.

119. Laisser tomber la main droite vivement à sa position.

L'arme -- à volonté.

120. Porter l'arme indifféremment sur l'une ou sur l'autre épaule, d'une ou des deux mains, l'extrémité du canon en l'air.

L'arme -- au bras.

121. Reprendre vivement la position du troisième mouvement de ce temps, n.° 119.

Portez--vos armes.

Un temps et trois mouvemens.

Premier mouvement.

122. Porter brusquement la main droite à la poignée de l'arme.

Second mouvement.

123. Placer brusquement la main gauche sous la crosse.

Troisième mouvement.

124. Laisser tomber la main droite vivement à sa position; descendre en même temps l'arme avec la main gauche à la position du port d'armes.

Remettez--la baïonnette.

Un temps et trois mouvemens.

Premier mouvement.

125. Descendre l'arme en alongeant le bras gauche, la saisir en même temps avec la main droite, au dessus et près de la première capucine comme au premier mouvement de *reposer sur les armes.*

Second mouvement.

126. Descendre l'arme de la main droite le long de la cuisse gauche; la saisir de la main gauche au-dessus de la droite, pour prendre la position du second mouvement de *l'arme à gauche,* mais sans placer le talon droit devant la boucle du pied gauche; ôter la baïonnette avec la main droite, la remettre dans le fourreau, et laisser la main droite près de la douille.

Troisième mouvement.

127. Élever l'arme de la main gauche, la saisir à la poignée avec la main droite, et porter l'arme.

L'arme sous le bras--gauche.

Un temps et deux mouvement.

Premier mouvement.

128. Empoigner brusquement l'arme avec la main droite, le pouce sur la contre-platine et le premier doigt contre le chien; détacher en même temps l'arme de l'épaule, le canon en dehors, sans que le bec de la crosse change de place; la saisir avec la main gauche à la première capucine, le pouce alongé sur la baguette, l'arme d'à-plomb vis-à-vis l'épaule, le coude gauche joint à l'arme.

Second mouvement.

129. Renverser l'arme, la passer sous le bras gauche, la main gauche restant à la première capucine, le pouce appuyé sur la baguette pour l'empêcher de glisser, le premier doigt appuyé à la hanche, la main droite tombant en même temps à sa position.

Portez—vos armes.

Un temps et deux mouvemens.

Premier mouvement.

130. Relever l'arme de la main gauche, sans trop brusquer ce mouvement, pour éviter que la baguette ne s'échappe des tenons; la saisir de la main droite à la poignée, pour l'appuyer contre l'épaule, quitter en même temps l'arme de la main gauche et la placer brusquement sous l'arme.

Second mouvement.

131. Laisser tomber la main droite vivement à sa position, descendre en même temps l'arme avec la main gauche à la position du port d'armes.

Baïonnette—au canon.

Un temps et trois mouvemens.

Premier mouvement.

132. Comme le premier mouvement de *remettez la baïonnette.*

Second mouvement.

133. Comme le second mouvement de *remettez la baïonnette*; excepté que la main droite saisira la douille de la baïonnette, comme il a été prescrit à l'inspection des armes, pour l'arracher du fourreau et la porter brusquement au bout du canon, laisser la main droite à la branche de la baïonnette.

Troisième mouvement.

134. Porter l'arme comme il a été expliqué au troisième mouvement de *remettez la baïonnette.*

(Pl. V, fig. 4.) *Croisez—la baïonnette.*

Un temps et deux mouvemens.

Premier mouvement.

135. Comme le premier mouvement du premier temps de la charge, empoigner l'arme à deux pouces au-dessous du chien.

Second mouvement.

136. Abattre l'arme avec la main droite dans la main gauche, qui la saisira un peu en avant de la première capucine, le canon au-dessus, le coude gauche près du corps, la main droite appuyée sur la hanche droite, la pointe de la baïonnette à l'hauteur de l'œil. Les hommes du second et du troisième rang auront attention que la pointe de leur baïonnette ne touche pas l'homme qui est devant eux.

Portez--vos armes.

Un temps et deux mouvemens.

Premier mouvement.

137. Tourner sur le talon gauche pour se remettre *face en tête*; rapporter le talon droit à côté du gauche, redresser en même temps l'arme de la main droite, la porter à l'épaule gauche, et placer la main gauche sous la crosse.

Second mouvement.

138. Laisser tomber la main droite vivement à sa position.

(PL. V, fig. 5.) *Descendez--vos armes.*

Un temps et deux mouvemens.

Premier mouvement.

139. Comme le premier mouvement de *reposer sur les armes.*

Second mouvement.

140. Incliner un peu le bout du canon en avant, la crosse en arrière et à environ trois pouces de terre; la main droite appuyée à la hanche contiendra l'arme, de manière que les baïonnettes des hommes du second et du troisième rang ne touchent pas ceux qui sont devant eux.

Portez--vos armes.

141. Au commandement *portez*, redresser l'arme perpendiculairement dans la main droite; au commandement *vos armes*, exécuter ce qui a été prescrit pour la porter, en partant de la position de REPOSER SUR LES ARMES.

Observations relatives au maniement des armes.

142. Le maniement des armes déforme souvent,

chez les hommes de recrue, la position du corps, quand elle n'est pas encore parfaitement assurée; il est donc nécessaire que l'instructeur les ramène souvent à la régularité de la position et du port d'armes dans le cours des leçons.

143. Les hommes de recrue sont aussi fort sujets à creuser les reins et à renverser le corps, surtout au premier temps de la charge, lorsqu'on les y tient trop long-temps; ainsi l'instructeur doit éviter de trop les arrêter dans cette position.

TROISIEME LEÇON.

Charge précipitée.

144. L'objet de cette charge est de faire distinguer au soldat les temps qu'il doit précipiter, et ceux dont l'exécution exige plus de régularité et d'attention, tel que les temps d'amorcer, *mettre la cartouche dans le canon et bourrer*; en conséquence, elle sera divisée en quatre temps principaux, ainsi qu'il suit :

145. Le premier temps s'exécutera à la fin du commandement; les trois autres aux commandemens *deux, trois et quatre.*

146. L'instructeur commandera, *charge précipitée.*

Chargez--vos armes.

147. (Pl. III, fig. 4.) Exécuter le premier temps de la charge; découvrir le bassinet; prendre la cartouche, la déchirer, la descendre près du bassinet, et amorcer.

Deux.

148. (Pl. III, fig. 5.) Fermer le bassinet, passer l'arme à gauche, mettre la cartouche dans le canon, secouer et l'enfoncer.

Trois.

149. (**Pl.** III, fig. 6.) Tirer la baguette, la faire entrer dans le canon jusqu'à la main, et bourrer deux coups.

Quatre.

160. (**Pl.** III, fig. 1.) Remettre la baguette, et porter l'arme.

CHARGE A VOLONTÉ.

151. L'instructeur enseignera ensuite la charge à volonté, qui s'exécutera comme la charge précipitée, mais de suite, et sans s'arrêter sur les quatre temps marqués; l'instructeur commandera :

152. *Charge à volonté.*

Chargez—vos armes.

Observations relatives aux charges.

153. L'instructeur observera que les soldats qui, sans se presser en apparence, chargent avec calme et sang-froid, sont ceux qui chargent le mieux et le plus promptement, parce qu'ils tournent la baguette sans accrocher celles des hommes qui sont à côté ou devant eux, qu'ils ne manquent ni l'embouchure du canon ni celle du tenon, qu'ils bourrent mieux, qu'ils ne repandent point la poudre en amorçant, et ne laissent pas tomber de cartouches en les prenant dans la giberne, objet essentiels auxquels l'instructeur obligera les soldats à donner la plus grand attention.

154. L'instructeur exigera de la régularité dans l'exécution des temps et dans les positions, sans quoi les soldats se generaient et s'embarrasseraient réciproquement; il leur donnera, au bout de quelques leçons, des cartouches de son ou de sciure de bois, et les habituera à amorcer et à bourrer avec soin.

QUATRIÈME LEÇON.

Feux.

515. Les feux seront ou directs ou obliques, et s'exécuteront ainsi qu'il va être expliqué.

Feux directs.

156. L'instructeur fera les commandemens suivans.

Feu de peloton.

1. *Peloton.*
2. *Armes.*
3. *Joue.*
4 *Feux.*
5. *Chargez.*

157. (PL. VI , fig. 1.) Ces divers commandemens seront exécutés comme il a été prescrit au maniement des armes.

158. Au deuxième commandement, les trois hommes prendront la position qui a été indiquée, suivant le rang dans lequel ils se trouvent placés ; après le cinquième, ils chargeront les armes et les porteront.

Feux obliques.

159. Les feux obliques s'exécuteront à droite et à gauche, et par les mêmes commandemens que les feux directs, avec cette seule différence que le commandement JOUE sera précédé chaque fois du commandement d'avertissement, *oblique à droite* ou *à gauche*, qui sera fait après celui ARMES ; à cet avertissement, les hommes du troisième rang fixeront les yeux sur le creneau où ils devront mettre en joue.

Position des trois rangs dans les feux obliques à droite.

160. (PL. VI, fig. 2.) Au commandement *Armes*, les trois rangs exécuteront ce qui leur à été prescrit pour le feu direct.

161. Au commandement *Joue*, le premier rang dirigera le

bout du canon à droite, en inclinant le genou gauche en dedans sans déranger les pieds.

162. Le deuxième rang dirigera de même le bout du canon à droite, sans bouger les pieds.

163. Le troisième rang avancera le pied gauche d'environ 6 pouces et vers la pointe du pied droite de l'homme du second rang de sa file, avancera aussi le corps en pliant un peu le genou gauche, et dirigera le bout du canon à droite.

164. Les trois rangs effaceront l'épaule droite.

Dans cette position, les deux derniers rangs seront prêts à tirer dans le même creneau que dans le feu direct, quoique dans une direction oblique.

165. Au commandement *chargez*, les trois rangs reprendront la position qui leur a été prescrite dans le feu direct; le troisième rapportera le pied gauche, le talon contre la boucle du pied droit, en retirant l'arme.

Position des trois rangs dans les feux obliques à gauche.

166. (PL. VI, fig. 3.) Au commandement *armes*, les trois rangs exécuteront ce qui a été prescrit pour le feu direct.

167. Au commandement *joue*, le premier dirigera le bout du canon à gauche, sans incliner le genou ni bouger les pieds.

168. Le deuxième rang mettra en joue dans le creneau à gauche de son chef de file, sans bouger les pieds.

169. Le troisième rang avancera le pied gauche d'environ six pouces et vers le talon droit de l'homme du second rang de sa file, avancera aussi le haut du corps, en pliant un peu le genou gauche, et mettra en joue dans le creneau à gauche de son chef de file.

170. Les trois rangs effaceront l'épaule gauche.

171. Dans cette position, les deux derniers rangs seront prêts à tirer dans le creneau de gauche de leur chef de file, et dans un direction oblique.

172. Au commandement *chargez*, les trois rangs retireront leurs armes dans la position oblique où elle se trouvent, et amorceront

dans cette position; le troisième rang apportera le pied gauche, le talon contre la boucle du pied droite, en p ssant l'arme à gauche; les trois rangs prendront la même position que dans le feu direct.

Observations relatives aux feux obliques.

173. Effacer une épaule en mettant en joue;

Afin de pouvoir diriger le bout du canon plus ou moins obliquement, selon la position de l'objet auquel on visera;

L'instructeur rendra ce principe sensible aux hommes de recrue en plaçant un homme en avant, plus ou moins vers la gauche, pour figurer cet objet, lorsqu'ils connaîtront bien l'amboitement des feux obliques.

Porter le pied gauche à six pouces en avant, et faire avancer le haut du corps au troisième rang.

Afin d'éviter les accidens, parce que, sans cette precaution, les armes du troisième rang ne déborderaient pas suffisamment le premier rang, dans la position oblique où elles se trouvent.

Dans le feu oblique à gauche, retirer les armes et amorcer dans la position oblique où elles se trouvent;

Parce que, si l'on voulait reprendre la même position que dans les feux directs, en retirant l'arme pour amorcer, il faudrait la faire passer par-dessus la tête de l'homme qui est devant soi.

Feux de deux rangs.

174. Le feu des rangs s'exécutera par les deux premiers rangs; le troisième ne faisant que charger et passer l'arme au second rang, ne tirera point; au moyen de cette disposition, le premier rang tirera debout.

175. L'instructeur fera les commandemens suivans:

1. *Feux de deux rangs.*
2. *Peloton.*
3. *Armes.*
4. *Commencez le feu.*

176. Au troisième commandement, tous les trois rangs prendront la position prescrite pour les deuxième et troisième rangs, dans les feux direct et oblique.

177. Au quatrième commandement, l'homme du premier et celui du second rang mettront en joue ensemble et feront feu; l'homme du troisième rang ne devant pas tirer, ne fera que charger et passer son arme à celui du second rang.

178. L'homme du premier rang chargera vivement son arme et tirera de nouveau; puis rechargera son arme, fera feu de nouveau, ainsi de suite.

179. L'homme du second rang, après avoir fait feu, passera son arme de la main droite au soldat du troisième rang de sa file; celui-ci la prendra de la main gauche, et passera la sienne de la main droite au soldat du second rang, lequel tirera avec l'arme de celui du troisième rang, la chargera ensuite, et tirera un second coup avec la même arme, qu'il repassera aussitôt à l'homme du troisième rang; ainsi de suite; en sorte que l'homme du deuxième rang tire toujours deux coups de suite avec la même arme, avant de la repasser à l'homme du troisième rang, excepté la première fois.

180. Après le premier feu, l'homme du premier et du second rang de chaque file ne s'astreindront plus à tirer ensemble.

181. Les trois rangs feront toujours face en tête en passant l'arme à gauche; et après avoir chargé, ils prendront la position indiquée ci-dessus, n.° 79; à cet effet, chaque soldat, ayant remis la baguette, élèvera son arme de la main gauche, la laissant glisser dans cette main qui se placera contre le ressort, de la hauteur du menton, en même temps qu'il fera un demi-à-droite pour revenir à sa posi-

tion prescrite, et que le pouce de la main droite se placera sur la tête du chien pour armer, le petit doigt au-dessous et contre la sous-garde. L'homme du troisième rang passera toujours son fusil à celui du second rang, sans être armé.

182. Lorsque l'instructeur voudra faire cesser le feu, il commandera :

Roulement.

183. A ce commandement, le soldat ne tirera plus, chaque homme mettra son arme au repos, la chargera ou achevera de la charger, si elle ne l'est pas, et la portera, les hommes du second et du troisième rang ayant attention de reprendre leur propre arme.

Observations générales relatives aux feux.

184. Les feux seront exécutés dans les commencemens sans cartouches, et ensuite avec des cartouches de son ou de sciure de bois, afin d'accoutumer de plus en plus le soldat à amorcer et à mettre la cartouche dans le canon promptement, mais régulièrement et sans verser la poudre, ainsi qu'à bien bourrer; et on finira cette instruction par faire exécuter les feux à poudre.

185. Lorsqu'on exécutera les feux à poudre, on recommandera aux soldats d'être attentifs à observer, en mettant le chien au repos, si la fumée sort par la lumière, ce qui est une indication sûre que le coup est parti; si la fumée ne sortait pas, le soldat, au lieu de recharger, passerait par derrière le rang, pour épingler et amorcer de nouveau. Si le soldat, croyant le coup parti, avait mis une seconde charge, il devrait du moins s'en appercevoir en bourrant, par la hauteur de la charge; et il serait très-punissable, s'il en mettait une troisième. L'instructeur fera donc toujours l'inspection des armes après les feux à poudre, afin de vérifier si quelque soldat a fait la faute de mettre trois charges dans son fusil.

186. L'instructeur doit apporter aussi beaucoup d'attention à ce que le soldat, en mettant le chien au repos ne réarme pas son fusil par trop de précipitation, faute dont il pourrait résulter des accidens.

Observations générales, relatives à la seconde partie
de l'école du soldat.

187. Lorsque, après quelques jours d'exercice de la leçon du maniement des armes, les trois hommes seront affermis dans le port d'armes, l'instructeur terminera toujours la leçon par les faire marcher pendant quelque temps sur un rang, à un pas de distance l'un de l'autre, afin de les affermir de plus en plus dans le mécanisme du pas direct et oblique; il leur montrera à marquer et à changer le pas, ce qui s'exécutera de la manière suivante.

Marquer le pas.

188. Les trois hommes étant en marche au pas ordinaire, l'instructeur commandera :

1. *Marquez le pas.*
2. *Marche.*

189. Au second commandement, qui sera fait à l'instant où le pied va poser à terre, les soldats annuleront le pas, en rapportant les talons à côté l'un de l'autre sans avancer, et en observant la cadence du pas.

190. Lorsque l'instructeur voudra faire reprendre le pas ordinaire, il commandera :

1. *En avant.*
2. *Marche.*

191. Au second commandement qui sera fait comme ci-dessus, les soldats reprendront le pas de deux pieds.

Changer le pas.

192. Les soldats étant en marche au pas ordinaire, l'instructeur leur commandera :

1. *Changez le pas.*
2. *Marche.*

193. Au second commandement, qui sera fait à l'instant où le pied va poser à terre, les soldats rapporteront vivement le pied qui est de derrière, à côté de celui qui vient de poser à terre, et repartiront de ce dernier pied.

TROISIEME PARTIE.

PREMIÈRE LEÇON.

194. Lorsque les trois hommes seront bien affermis dans les principes et le mécanisme du pas, la position du corps et le port d'armes, l'instructeur réunira cinq ou six hommes au moins, et au plus neuf, pour leur apprendre le principe du tact des coudes en marchant de front, ceux de la marche de flanc, le pas accéléré, le pas en arrière, les principes des changemens de direction, des conversions en marchant de direction, des conversions en marchant et de pied ferme, et les principes d'alignement.

195. L'instructeur les placera sur un rang, coude à coude, et fera ensuite les commandemens suivans:

1. *Peloton en avant.*
2. *Guide à gauche* (ou *à droite.*)
3. *Marche.*

196. Au commandement *marche*, le rang partira vivement du pied gauche.

197. L'instructeur fera marcher un homme bien dressé à deux pas devant le soldat, placé à la droite ou à la gauche du rang, selon le côté où le guide aura été indiqué, et prescrira à ce soldat de marcher exactement dans la trace de l'homme qui le précède, en conservant toujours la distance de deux pas: c'est le plus sûr moyen de faire contracter aux hommes de recrue l'habitude de faire le pas de la longueur et vitesse prescrites.

198. L'instructeur fera observer les règles suivantes.

Tenir légèrement au coude de son voisin du côté du guide;

Parce que, en tenant ainsi coude à coude à son voisin, on est assuré à-peu-près aligné, et qu'il ne se forme pas d'ouverture entre les files. Si, au lieu de tenir légèrement au coude de son voisin, on s'appuyait sur lui, on l'obligerait à appuyer à son tour du côté du guide, et on repousserait par-là ce dernier hors de la direction.

Ne point ouvrir le coude gauche ni le bras droit;

Afin que le soldat ne pousse pas son voisin, et n'occupe dans le rang que l'espace qu'il doit y tenir.

Céler à la pression qui vient du côté du guide, et résister à celle qui vient du côté opposé;

Pour éviter de rejeter le guide en dehors de sa direction.

Ne rejoindre qu'insensiblement le coude de son voisin du côté du guide, s'il venait à l'éloigner, ou si l'on s'en était soi-même écarté;

Parce qu'il peut arriver que le voisin se jette mal-à-propos à droite ou à gauche: si alors l'homme qui est à côté de lui, et successivement ceux qui suivent, se conformaient brusquement à ce faux mouvement, il en résulterait que la faute d'un seul homme se propagerait à plusieurs; et lorsqu'ensuite l'homme où la faute aurait commencé, voudrait la réparer, il serait obligé de repousser son voisin, celui-ci l'homme suivant, et ainsi de suite jusqu'à l'aile, ce qui occasionnerait un flottement continuel dans la marche. Si au contraire chaque homme observe le principe de ne se conformer que peu à peu aux mouvemens de son voisin, ce dernier aura le temps de réparer sa faute, s'il en a faite une; son erreur ne se propagera pas, et le flottement n'aura pas lieu.

Conserver toujours la tête directe, et les yeux fixés à terre, à douze ou quinze pas en avant de soi, de quelque côté que le guide soit indiqué;

Parce que si les soldats tournaient la tête du côté du guide, elle entraînerait l'épaule opposée, ce qui donnerait une fausse direction au rang, causerait une pression continuelle du côté du guide, et par conséquent du flottement. Les yeux fixés à terre à douze ou quinze pas en avant, empêchent que le soldat ne dérive en marchant, ce qui est un point très-essentiel.

Si l'on s'aperçoit qu'on est soi-même trop en avant ou trop en arrière, ne se remettre que peu à peu, en alongeant ou en raccourcissant d'une manière presque insensible son pas;

Parce que les mouvemens brusques en marchant, tendent toujours à désunir une troupe, à y causer du flottement, et font perdre la cadence, car un homme ne saurait faire un pas de deux pieds et demi, dans le même espace de temps que son voisin en fait un de deux pieds, sans que le mouvement du premier ne soit plus vif que celui du second; au lieu qu'on pourrait alonger le pas d'un ou deux pouces, sans qu'il en résultât une accélération sensible de mouvement.

199. Enfin l'instructeur s'attachera à faire comprendre aux hommes de recrue, que l'alignement ne peut se conserver en marchant que par la régularité du pas, que par le tact des coudes et la carrure des épaules: que si, par exemple, ils faisaient des pas plus grands les uns que les autres, ou s'ils marchaient les uns plus vite, les autres plus lentement, ils se désuniraient nécessairement; que si, devant avoir la tête directe, il n'observaient pas le tact des coudes, il leur serait impossible de juger s'ils marchent à même hauteur que leur voisin, et s'il ne se forme pas entr'eux des ouvertures.

200. L'instructeur les exercera ensuite à marcher obliquement à droite avec le guide à gauche, et à marcher obliquement à gauche avec le guide à droite.

201. Dans la marche oblique, comme dans la marche directe, le tact des coudes doit toujours se prendre du côté du guide; ainsi chaque homme doit tenir légèrement au coude de son voisin de ce côté.

202. La marche oblique du côté opposé au guide, étant beaucoup plus difficile que celle qui a lieu du côté du guide, l'instructeur recommandera de redoubler d'attention toutes les fois qu'on obliquera ainsi.

203. Lorsque ces divers principes seront devenus familiers aux hommes de recrue, et qu'ils seront bien affermis dans la position du corps, le port d'armes, le mécanisme, la longueur et la vitesse du pas ordinaire, l'instructeur les fera passer du pas ordinaire au pas accéléré, et l'invers de la manière suivante :

204. Le rang étant en marche au pas ordinaire, l'instructeur commandera :

1. *Pas accéléré.*
2. *Marche.*

205. Au commandement de *marche*, qui sera fait sur l'un ou l'autre pied indistinctement, le rang prendra le pas accéléré.

206. La longueur de ce pas sera la même que celle du pas ordinaire, mais sa vitesse sera de cent par minute.

Observations relatives au pas accéléré.

207. Le pas oblique ne sera jamais accéléré.

208. La marche au pas accéléré s'exécutera d'après les mêmes principes qu'au pas ordinaires; mais l'impulsion du pas accéléré disposant le soldat à s'abandonner, l'instructeur s'attachera à bien régler la cadence de ce pas, et à habituer le soldat à conserver toujours l'à-pomb du corps, ainsi que la régularité du pas.

209. L'instucteur fera quelquefois marquer le pas, et changer le pas, en marchant au pas accéléré.

210. Lorsque l'instructeur voudra faire reprendre le pas ordinaire, il commandera :

1. *Pas ordinaire.*
2. *Marche.*

211. Au commandement de *marche* , qui sera fait indistinctement sur l'un ou l'autre pied, le rang reprendra le pas ordinaire.

212. Le rang étant en marche, l'instructeur l'arrêtera par les commandemens et moyen prescrits ci-dessus, n.° 24.

213. Si le rang marche au pas accéléré, le commandement de *halte* se fera un instant avant que le pied ne soit prête à poser à terre.

214. Le rang étant de pied ferme, l'instructeur lui fera marcher le pas en arrière; à cet effet il commandera :

1. *En arrière.*
2. *Marche.*

215. Au commandement de *marche*; les soldats retireront vivement le pied gauche en arrière, et le poseront à la distance d'un pied, à compter d'un talon à l'autre, et ainsi de suite jusqu'au commandement de *halte*, qui sera toujours précédé de celui de *peloton*; les soldats arreteront à ce commandement, en rapportant le pied qui est en avant à côté de l'autre.

216. L'instructeur veillera à ce que les hommes ne s'appuient pas sur leur voisin, à ce qu'ils se portent droit en arrière, et que l'à-plomb et la position du corps, ainsi que de l'arme, soient toujours conservés.

SECONDE LEÇON.

Marche de flanc.

217. Les soldats étant placés sur un rang, coude à coude, l'instructeur leur fera les commandemens suivans :

1. *Peloton, par flanc droit (ou gauche.)*
2. *A droite (ou à gauche.)*
3. *Marche.*

218. Au second commandement, ils feront à droite ou à gauche.

219. Au commandement de *marche*, ils partiront vivement du pied gauche, au pas ordinaire.

Observations relatives à la marche de flanc.

220. L'instructeur placera un homme bien dressé à côté du premier soldat du flanc vers lequel le rang fait face, pour régler son pas et le conduire ; et il sera recommandé au soldat qui est au flanc, de marcher toujours coude à coude de l'homme qui doit le diriger.

221. L'instructeur fera observer dans la marche de flanc les règles suivantes :

Que le pas s'exécute d'après les principes prescrits ;

Parce que ces principes, sans lesquels des hommes placés à côté les uns des autres sur un même rang, ne sauraient conserver de l'ensemble en marchant, sont encore plus indispensables à observer, lorsqu'on marche en file.

Qu'à chaque pas le pied de l'homme qui précède, soit remplacé par celui de l'homme qui le suit ;

Afin que les files ne puissent pas s'ouvrir.

Que le soldat ne plie pas les genoux, pour éviter de marcher sur les talons de l'homme qui le précède ;

Parce que, s'il pliait les genoux, la distance entre les files, ainsi que la cadence, se perdraient.

Que la tête de l'homme qui précède immédiatement chaque soldat, lui cache celles de tous les autres qui sont devant lui ;

Parce que c'est la règle la plus sûre qu'on puisse donner, pour se maintenir exactement sur le chef de file.

222. L'instructeur se placera, dans la marche de flanc, le plus souvent à cinq ou six pas sur le flanc des hommes qu'il instruit, pour veiller à l'observation des principes ci-dessus.

223. Il se placera aussi quelquefois derrière la file, s'arrêtera et lui laissera parcourir quinze ou vingt pas, afin d'observer si les hommes conservent exactement le chef de file.

224. L'instructeur fera converser par file à droite et à gauche; à cet effet il commandera :

1. *Par file à droite* (ou *à gauche.*)
2. *Marche.*

225. Au second commandement, le premier homme de la file tournera à droite ou à gauche, et marchera ensuite droit devant lui; chaque homme viendra successivement tourner à la même place que le premier.

226. L'instructeur fera aussi exécuter les à *droite* et les *à gauche* en marchant; à cet effet il commandera :

1. *Par le flanc droit* (ou *gauche.*)
2. *Marche.*

227. Au second commandement, qui sera fait sur l'un ou sur l'autre pied indifféremment, et un peu avant que le pied ne soit prêt à poser à terre, les soldats tourneront le corps, poseront le pied qui est levé dans la nouvelle direction et partiront de l'autre pied sans altérer la cadence du pas.

228. Lorsque l'instructeur voudra arrêter le rang marchant par flanc, et le remettre face en tête, il fera les commandemens suivans.

1. *Peloton.*
2. *Halte.*
3. *Front.*

229. Au second commandement, la file s'arrêtera, et aucun homme ne bougera plus, quand même il aurait perdu sa distance, cette attention est nécessaire pour habituer le soldat à l'observation continuelle de sa distance.

230. Au troisième commandement, chaque homme se remettra face en tête par un *à gauche*, si l'on marche par le flanc droit, et par un *à droite*, si l'on marche par le flanc gauche.

Observations relatives à la marche de flanc.

231. Lorsque les hommes auront acquis de l'aisance et de la facilité dans la marche de flanc, l'instructeur les exercera à la marche de flanc au pas accéléré; cette leçon leur rendra plus sensible la nécessité qu'il y a de bien emboîter le pas en marchant par le flanc, et de conserver la cadence, ainsi que l'à-plomb du corps.

TROISIÈME LEÇON.

Alignemens.

231. L'instructeur exercera d'abord les soldats de recrue à s'aligner homme par homme, afin de leur faire mieux comprendre les principes de l'alignement; à cet effet il commandera aux deux premiers hommes de l'aile droite de marcher deux pas en avant; et les ayant alignés, il avertira successivement chaque homme de se porter sur l'alignement des deux premiers.

233. Chaque soldat, à l'avertissement qui lui sera fait par l'instructeur de se porter sur l'alignement, tournera la tête et les yeux à droite, dans la position prescrite dans la premier leçon de la première partie; marchera dans la cadence du pas ordinaire; deux pas en avant, en raccourcissant le dernier, de manière à se trouver à environ six pouces en arrière du nouvel alignement qu'il ne doit jamais dépasser; il se portera ensuite par deux petits pas, les jarrets tendus, tranquillement et sans saccade, à côté de l'homme auquel il doit appuyer, de manière que, sans déranger la position de sa tête, la ligne de ses yeux, ainsi que celles de ses épaules, se trouve dans la direction de celle de son voisin, et de manière à sentir légèrement son coude sans ouvrir le sien.

234. L'alignement à gauche se prendra d'après les mêmes principes.

235. Lorsque les hommes de recrue auront ainsi appris, homme par homme, à s'aligner correctement et sans tâtonner, l'instructeur fera aligner le rang entier à la fois, par le commandement suivant :

A droite (ou à gauche)—alignement.

236. A ce commandement, le rang tout entier, à l'exception des deux hommes placés d'avance pour servir de base d'alignement, se portera au pas ordinaire sur la nouvelle ligne, et s'y placera tranquillement, d'après les principes prescrits ci-dessus n.° 233.

237. L'instructeur, placé à cinq ou six pas en avant, et faisant face au rang, veillera à l'observation des principes, et se portera ensuite à l'aile qui a servi de base d'alignement, pour le vérifier.

238. L'instructeur, voyant le plus grand nombre des soldats alignés, fera le commandement suivant.

Fixe.

239. A ce commandement, les soldats replaceront la tête et les yeux dans la position directe, et reprendront l'immobilité.

240. L'instructeur commandera ensuite aux hommes qui ne seraient pas alignés, *telle file* (ou *telles files*) *rentrez* ou *sortez*, en les désignant par leurs numéros; la file ou les files désignées seulement porteront aussitôt l'œil sur le rang du côté de l'alignement; pour juger de combien elles doivent avancer ou reculer, se placeront tranquillement sur la ligne, et replaceront ensuite la tête dans la position directe.

241. L'instructeur aura soin de numéroter les files d'avance.

242. Les alignemens en arrière se prendront d'après les mêmes principes : les soldats se porteront un peu en arrière de la ligne, et s'y replaceront ensuite par de petits mouvemens en avant, conformément à ce qui a été prescrit ci-dessus n.° 232.

L'instructeur commandera :

En arrière à droite (ou à gauche) alignement.

Observations relatives aux principes d'alignement.

243. L'instructeur s'attachera à faire observer les principes suivans:

Que le soldat arrive tranquillement sur la ligne ;

Parce que la précipitation est contraire au bon ordre et même à la promptitude dans l'exécution, qu'on n'obtient qu'en habituant le soldat à faire tous les mouvemens avec calme, sang froid et précision.

Qu'il ne penche pas le corps en arrière, ni la tête en avant ;

Parce que ce n'est que par la régularité de la position qu'on apprend à s'aligner.

Qu'il ne tourne la tête que le moins possible, et seulement de manière à voir la ligne des yeux ;

Afin d'éviter que la tête n'entraîne l'épaule hors du rang, et que la fausse position d'un seul homme n'induise en erreur tous ceux qui sont au-delà.

Qu'il ne dépasse jamais l'alignement ;

Parce que si un soldat dépassait l'alignement, il serait ensuite obligé de reculer pour se placer sur la véritable ligne, sa faute se propagerait aux hommes qui sont au-delà, lesquels seraient obligés de reculer à leur tour, ce qu'il faut éviter avec d'autant plus de soin, qu'outre la perte de temps qui en résulterait, il est plus difficile de s'aligner en arrière qu'en avant.

Qu'au commandement *fixe*, le soldat cesse tout mouvement ; quand même il ne serait pas aligné ;

Afin de lui faire contracter l'habitude de juger son alignement promptement, et de s'y placer sans tâtonner.

Qu'au commandement *telle file* ou *telles files en avant* ou *en arrière*, celles qui n'auront pas été désignées, ne bougent ;

Afin de ne pas déranger les files qui sont alignées.

Que dans les alignemens en arrière, le soldat dépasse un peu la ligne en reculant;

Afin de se placer sur la ligne par un petit mouvement en avant, parceque de cette manière il est plus facile de juger de l'alignement.

QUATRIÈME PARTIE.

Conversions.

244. Les conversions sont de deux espèces : les conversions de pied ferme, et les conversions en marchant.

245. Les conversions de pied ferme ont lieu pour faire passer une troupe de l'ordre en bataille à l'ordre en colonne, ou de l'ordre en colonne à l'ordre en bataille.

246. Les conversions en marchant ont lieu dans les changemens de direction en colonne, toutes les fois que ce mouvement s'exécute sur le côté opposé au guide.

247. Dans les conversions de pied ferme, l'homme qui est au pivot de la conversion, ne fait que tourner sur la place, sans avancer ni reculer.

248. Dans les conversions en marchant, l'homme qui est au pivot fait le pas de six pouces, afin de dégager le point de la conversion, ce qui est nécessaire pour que les subdivisions d'une colonne puissent changer de direction sans perdre leur distance, ainsi qu'il sera expliqué dans l'école de peloton.

249. Dans les deux cas ci-dessus, l'homme qui est à l'aile marchante, doit toujours faire le pas de deux pieds.

250. Le mouvement de *tournez à droite* (ou *à gauche*) n'a lieu que dans les changemens de direction en colonne sur le côté du guide ; et il faut bien se garder de confondre ce mouvement avec les conversions en marchant.

Ecole du Soldat. Partie IV.

Conversion de pied ferme.

251. L'instructeur placera un homme bien dressé à l'aile qui devra marcher, pour la conduire, et commandera.

1. *Par peloton à droite.*

2. *Marche.*

252. Au second commandement, les soldats partiront du pied gauche, et tourneront en même tems la tête un peu à gauche, les yeux fixés sur la ligne des yeux des hommes qui sont à leur gauche; l'homme qui est au pivot, ne fera que marquer le pas, en se conformant au mouvement de l'aile marchante; l'homme qui conduit cette aile, marchera le pas de deux pieds, avancera dès le premier pas un peu l'épaule gauche, jettera les yeux sur le terrain qu'il doit parcourir, et de tems en tems sur le rang, et sentira toujours le coude de l'homme qui est à côté de lui, mais légèrement sans jamais le pousser.

253. Les autres soldats doivent sentir légèrement le coude de leur voisin, du côté du pivot, résister à la pression qui viendrait du côté opposé, et se conformer au mouvement de l'aile marchante, en faisant le pas d'autant plus petit qu'ils seront plus près du pivot.

254. L'instructeur fera parcourir une ou deux fois le tour du cercle avant d'arrêter le rang, afin de faire mieux sentir les principes; il veillera avec soin à ce que le centre ne crève pas.

255. Il fera converser à gauche d'après les mêmes principes. Lorsque l'instructeur voudra arrêter la conversion, il fera les commandemens suivans:

1. *Peloton.*

2. *Halte.*

256. Au second commandement, le rang s'arrêtera, et aucun homme ne bougera plus jusqu'au commandement qui va suivre.

257. L'instructeur se portant à l'aile opposée au pivot, placera les deux premiers hommes de cette aile dans la direction qu'il voudra donner au rang, laissant entre eux et le pivot l'espace nécessaire pour que les autres puissent s'y placer, il commandera ensuite

A gauche (ou à droite)--alignement.

258. Au commandement, le rang se placera sur l'alignement des deux hommes qui doivent servir de base, en se conformant aux principes prescrits.

259. L'instructeur commandera ensuite FIXE, ce qui sera exécuté comme il a été prescrit N.° 239.

260.   *Observations relatives aux principes des conversions.*

Tourner la tête un peu du côté de l'aile marchante, et fixer les yeux sur la ligne des yeux des hommes qui sont de ce côté.

Parce que, sans cette attention il serait impossible de régler au soldat la longueur de son pas, de manière à se conformer au mouvement de l'aile marchante.

Tenir légèrement au coude de son voisin du côté du pivot.

Afin que les files ne s'ouvrent pas en conversant.

Résister à la pression qui vient du côté de l'aile marchante;

Parce que, si l'on négligeait ce principe, le pivot, qui doit être un point fixe dans les conversions de pied ferme, pourrait être rejeté hors de sa place par la pression.

Conversion en marchant.

261. Lorsque les hommes de recrue exécuteront bien les conversions de pied ferme, on les exercera à converser en marchant.

262. A cet effet le rang étant en marche, l'instructeur voulant faire changer de direction sur le côté opposé au guide, fera les commandemens suivans :

1. *A droite* (ou *à gauche*) *conversions.*

2. *Marche.*

263. Le premier commandement sera fait deux pas avant d'arriver au point de la conversion.

264. Au second commandement, la conversion s'exécutera de la même manière que de pied ferme, excepté que le tact des

coudes restera du côté du guide, au lieu de se prendre du côté
du pivot; que l'homme qui est au pivot, au lieu de tourner sur
la place, se conformera au mouvement de l'aile marchante, en
sortant légèrement le coude de son voisin, en faisant le pas de
six pouces, et gagnera ainsi du terrain en avant en décrivant un
petit cercle, de manière à dégager le point de la conversion, et
que le milieu du rang cinte un peu en arrière.

265. La conversion étant achevée, l'instructeur
commandera :

1. *En avant.*
2. *Marche.*

266. Le premier commandement sera prononcé deux pas avant
que la conversion ne soit achevée.

267. Au second, qui sera fait à l'instant où la conversion sera
achevée, l'homme qui conduit l'aile marchante, se dirigera droit
en avant. L'homme du pivot, ainsi que tout le reste du rang,
reprendront le pas de deux pieds, et replaceront la tête directe.

Changer de direction sur le côté du guide.

268. Les changemens de direction sur le côté
du guide s'exécuteront ainsi qu'il suit : l'instructeur
commandera :

1. *Tournez à gauche* (ou *à droite*).
2. *Marche.*

269. Le premier commandement sera fait deux pas d'avance,
comme ci-dessus.

270. Au second, qui sera prononcé à l'instant où le rang
devra tourner, le guide fera à gauche ou à droite en marchant,
se prolongera dans la nouvelle direction, sans ralentir ni accé-
lérer la cadence, sans alonger ni raccourcir la mesure du pas;
tout le reste du rang se conformera promptement, mais sans
courir, à la nouvelle direction du guide, et, pour cet effet,
chaque homme avancera l'épaule opposée au guide, prendra le
pas accéléré pour se porter dans la nouvelle direction, tournera
la tête et les yeux du côté du guide ; joindra le coude de son
voisin du même côté, en se plaçant sur l'alignement du guide
dont il prendra le pas, et replacera ensuite la tête et les yeux
dans la position directe ; chaque homme ainsi successivement sur
l'alignement du guide.

TITRE III.

Ecole de Peloton.

L'INSTRUCTION par peloton devant toujours précéder l'instruction par bataillon, et ayant pour objet d'y préparer les soldats, on se conformera, dans les exercices de détail des compagnies, à la progression et aux principes qui vont être prescrits ci-après.

Le peloton de l'école des recrues se conformera de même à ce qui va être prescrit: il sera formé sur trois rangs; on y attachera un chef de peloton, un sous-officier de remplacement et des serre-files, et il seront placés comme il a été prescrit dans la formation en ordre de bataille.

Il y aura en outre un officier ou sous-officier chargé d'exercer ce peloton, il sera désigné sous le nom d'*instructeur*.

PREMIÈRE LEÇON.

1 . . . . . . Ouvrir les rangs.
2 . . . . . . Alignemens à rangs ouverts.
3 . . . . . . Maniemens des armes.
4 . . . . . . Serrer les rangs.
5 . . . . . . Alignemens à rangs serrés.

SECONDE LEÇON.

1 . . . . . . Charge précipitée.
2 . . . . . . Charge à volonté.
3 . . . . . . Feu de peloton direct et oblique.
4 . . . . . . Feux de deux rangs.
5 . . . . . . Feux en arrière.

TROISIÈME LEÇON

1 . . . . . . Marche en bataille par le premier rang.
2 . . . . . . Arrêter le peloton marchant en bataille.
3 . . . . . . Marche oblique en bataille.

4 . . . . . . Marquer le pas, marcher le pas accéléré et le pas en arrière.
5 . . . . . . Marche en bataille par le troisième rang.

QUATRIÈME LEÇON.

1 . . . . . . Marche de flanc.
2 . . . . . . Changer de direction par file.
3 . . . . . . Arrêter le peloton marchant par le flanc, et le remettre de front.
4 . . . . . . Se former sur la droite ou sur la gauche par file en bataille.
5 . . . . . . Étant en marche par le flanc, former le peloton et les sections.

CINQUIÈME LEÇON.

1 . . . . . . Rompre par section.
2 . . . . . . Marcher en colonne.
3 . . . . . . Changer de direction.
4 . . . . . . Arrêter la colonne.
5 . . . . . . Se former en bataille.

SIXIÈME LEÇON.

1 . . . . . . Étant en colonne, mettre des files en arrière et les faire rentrer en ligne.
2 . . . . . . Marcher au pas de route, exécuter ainsi des changemens de direction, mettre des files en arrière et les faire rentrer en ligne.
3 . . . . . . Rompre et former le peloton.
4 . . . . . . La contre-marche.
5 . . . . . . Étant en colonne par section, se former sur la droite ou sur la gauche en bataille.

De quelque nombre de files que le peloton soit composé, il sera toujours formé sur trois rangs lorsqu'il devra exécuter la première et la deuxième leçon.

Lorsque le nombre des files sera au-dessous de douze, le peloton sera formé sur deux rangs quand il devra exécuter les troisième, quatrième, cinquième et sixième leçons.

Dans l'un et l'autre cas l'instructeur numérotera les files de la droite à la gauche, de manière que chaque homme connaisse son numéro dans son rang.

L'instructeur sera le plus clair et le plus concis qu'il sera possible dans ses explications; il fera rectifier les fautes de détail qui concernent les soldats par le chef de peloton, à qui il les indiquera, s'il ne les avait pas remarquées, et ne les rectifiera lui-même que lorsque le chef de peloton n'aura pas bien compris, ou qu'il aura mal rempli ses intentions.

Le calme et le sang-froid de celui qui comisande, et de ceux qui exécutent, étant le premier moyen d'ordre dans une troupe, l'instructeur s'attachera à y habituer celle qu'il exerce, et en donnera lui-même l'exemple.

PREMIÈRE LEÇON.

ARTICLE PREMIER.

Ouvrir les rangs.

1. Le peloton étant reposé sur les armes et aligné ainsi que les serre-files, l'instructeur, voulant faire ouvrir les rangs, fera placer les deux serre-files le plus près de la gauche du premier et du troisième rang.

1. L'instructeur fera ensuite les commandemens suivans :

1. *Garde à vous.*
2. *Peloton.*
3. *Portez -- vos armes.*
4. *En arrière, ouvrez vos rangs.*

3. Au quatrième commandement, le chef de peloton, le sous-officier de remplacement, et les deux serre-files placés à la gauche du premier et du troisième rang, se porteront légèrement en arrière, pour aller tracer l'alignement où devront se placer les deux derniers rangs.

4. Le chef de peloton et le serre-file placé à la gauche du premier rang, se porteront sur la ligne des serre-files, et s'aligneront sur eux.

5. Le sous-officier de remplacement et le serre-file placé à la gauche du troisième rang, se porteront à quatre pas en arrière du rang des serre-files, et jugeront cette distance à l'œil sans compter les pas.

6. L'instructeur, se portant en même temps sur le flanc droit, vérifiera successivement la position des uns et des autres, pour s'assurer qu'ils soient placés parallèlement au premier rang ; il la rectifiera promptement s'il est nécessaire, et commandera ensuite :

Marche.

7. A ce commandement, le peloton du premier rang ne bougera.

8. Les deux derniers rangs marcheront en arrière au pas ordinaire, sans compter les pas, et se placeront sur l'alignement déterminé pour chaque rang, en se conformant à ce qui a été prescrit dans l'école du soldat, N.° 242.

9. Le chef de peloton alignera le second rang, et le sous-officier de remplacement le troisième, sur le serre-file de gauche de leur rang.

10. Les serre-files placés derrière le troisième rang, marcheront en arrière en même temps que ce rang, et se placeront à leur distance lorsqu'il sera entré dans l'alignement.

11. Le chef de peloton et le sous-officier de remplacement ayant aligné leurs rangs respectifs, l'instructeur commandera :

Fixe

12. A ce commandement, le chef de peloton et le serre-file placé à la gauche du second rang, reprendront leurs places au premier rang.

13. L'instructeur, voyant les rangs alignés, examinera la position et le port d'armes des hommes du premier rang, et chargera le chef de peloton et le sous-officier de remplacement, si c'est un peloton d'école, d'examiner de même le second et le troisième rang.

ARTICLE 2.

Alignement à rangs ouverts.

14. Les rangs étant ouverts, l'instructeur fera, dans les premiers exercices, prendre quelques alignemens homme par homme, pour faire mieux observer les principes.

15. Il fera marcher les trois hommes de la droite ou de la gauche de chaque rang deux ou trois pas en avant, et les ayant alignés, il commandera :

Par file a droite (ou *à gauche*) -- *alignement.*

16. A ce commandement, les soldats de chaque rang se porteront successivement sur l'alignement, chacun d'eux se laissant précéder de deux pas par son voisin du côté de l'alignement.

17. Les alignemens successifs ayant habitué les soldats à s'aligner correctement, l'instructeur fera aligner les rangs entiers à la fois en avant et en arrière, dans des directions parallèles et obliques, en donnant toujours trois hommes pour base d'alignement à chaque rang ; à cet effet il commandera :

A droite (ou *à gauche*) -- *alignement.*

Ou bien

En arrière à droite (ou *en arrière à gauche*) -- *alignement.*

18. Dans les alignemens obliques à rangs ouverts, le second et le troisième rang ne chercheront pas à se mettre au chef de file, puisqu'il ne s'agit dans cette instruction que d'exercer les soldats à s'aligner correctement dans leurs rangs respectifs, dans toute espéce de direction.

19. Dans ces divers alignemens, l'instructeur surveillera l'exécution au premier rang, le chef de peloton au second rang, et les sous-officiers de rem-

placement au troisième, en se plaçant sur le flanc du côté de l'alignement.

20. Dans les alignemens obliques, les soldats conformeront la ligne de leurs épaules à la nouvelle direction de leur rang, et se placeront sur l'alignement, en se conformant à ce qui est prescrit dans l'école du soldat, N.os 233 et 234, selon que la nouvelle direction sera en avant ou en arrière de la position primitive de leur rang.

21. Après chaque alignement, l'instructeur, le chef de peloton et le sous-officier de remplacement examineront, en passant devant le rang, la position et le port d'armes, pour habituer les soldats à ne pas se négliger sur ces objets.

ARTICLE 3.

Maniement des armes.

22. Les rangs étant ouverts, l'instructeur se placera en avant du flanc droit, de manière à voir les trois rangs, et commandera le maniement des armes dans l'ordre qui suit :

> Présenter les armes.
> Porter les armes.
> Reposer sur les armes.
> Poser les armes à terre.
> Relever les armes.
> Porter les armes.
> Porter l'arme au bras.
> Porter les armes.
> Remettre la baïonnette.
> Porter les armes.
> Passer l'arme sous le bras gauche.
> Porter les armes.
> Baïonnette au canon.
> Porter les armes.
> Charge en douze temps.

23. L'instructeur veillera à ce que la position du corps, des pieds et de l'arme, soit toujours

exacte, que les temps s'exécutent vivement et prés du corps, et qu'on n'escamote point l'arme.

Observations relatives au mouvement de croisez--la baïonnette, *et à celui de* descendez--vos armes.

24. Il est des circonstances où le soldat est dans le cas de faire usage de la baïonnette au bout du fusil, soit pour attaquer, soit pour se défendre.

25. Il en est d'autres où le soldat ne saurait porter l'arme à l'épaule, comme lorsqu'il traverse les bois touffus, et où il est même obligé de s'appuyer sur son arme pour s'en aider, comme lorsqu'il doit gravir des côtes escarpées, ou franchir des fossés; il est donc nécessaire que l'instructeur fasse quelquefois exécuter le temps de *croisez--la baïonnette,* et celui de *descendez--vos armes,* pour apprendre aux soldats à faire l'usage le plus avantageux de leur arme dans ces différentes circonstances.

ARTICLE 4.
Serrer les rangs.

16. Le maniement d'armes étant achevé, l'instructeur fera serrer les rangs; à cet effet il commandera:

1. *Serrez vos rang.*
2. *Marche.*

27. Au commandement de *marche,* les deux derniers rangs serreront au pas ordinaire, chaque homme se dirigeant sur son chef de file; le chef de peloton et le sous-officier de remplacement reprendront alors leur place de bataille.

ARTICLE 5.
Alignemens à rangs serrés.

18. Les rangs étant serrés, l'instructeur fera reprendre des alignemens parallèles et obliques à droite et à gauche, en avant et en arrière, en observant de placer toujours d'avance trois files pour

servir de base d'alignement; l'instructeur fera les commandemens prescrits ci-dessus, N.° 17.

29. Dans les alignemens à rangs serrés, le chef de peloton surveillera l'alignement du premier rang, et le sous-officier de remplacement celui des deux derniers rangs; ils s'habitueront à le juger par la ligne des yeux et des épaules, en jetant un coup-d'œil par-devant et par-derrière le rang.

30. Dès que le chef de peloton verra le plus grand nombre des hommes du premier rang aligné, il commandera FIXE, et rectifiera ensuite, s'il y a lieu, l'alignement des autres par les moyens prescrits dans l'école du soldat, N.° 240. Les deux derniers rangs se conformeront à l'alignement du premier, et le sous-officier de remplacement y veillera.

31. Les rangs étant immobiles, l'instructeur se portera sur le flanc pour vérifier l'alignement des trois rangs; il observera si les hommes des deux derniers rangs se sont placés correctement à leurs chefs de file.

32. Dans les alignemens obliques, l'instructeur fera observer ce qui a été prescrit ci-dessus, N.° 20.

33. Les serre-files se placeront toujours à deux pas en arrière du troisème rang.

34. L'instructeur, voulant faire reposer, commandera.

1. *L'arme--au bras.*

Ou *reposez-vous sur vos armes.*

2. *Repos.*

Ce qui sera observé à la fin de chaque leçon.

35. Au commandement *repos*, le soldat ne sera tenu à garder l'immobilité ni la position.

36. Lorsqu'on ne voudra que soulager le soldat sans déranger l'alignement, on commandera, après avoir fait porter l'arme au bras :

En place--repos.

37. A ce commandement, les soldats ne seront plus astreints à conserver l'immobilité, mais ils conserveront toujours l'un ou l'autre talon en place.　　d

DEUXIÈME LEÇON.

38. L' instructeur, voulant passer à la deuxième leçon commandera :

1. *Garde à vous.*
2. *Peloton.*
3. *Portez--vos armes.*

Et fera exécuter les charges et les feux dans l'ordre suivant :

ARTICLE PREMIER.

Charge précipitée.

39. La charge précipitée sera commandée et exécutée comme il a été prescrit dans l'école du soldat, N.º 146 et suivans. L'instructeur la fera exécuter plusieurs fois de suite, avant de passer à la charge à volonté.

ARTICLE 2.

Charge à volonté.

40. La charge à volonté sera commandée et exécutée comme il a été prescrit dans l'école du soldat, N.º 152.

41. Au premier tems de la charge précipitée ou à volonté, le chef de peloton et le sous-officier de remplacement feront un demi à droite comme les soldats, et se remettront face en tête lorsque le soldat qui est à côté d'eux, passera l'arme à gauche.

42. L'instructeur s'attachera avec le plus grand soin à ce que, dans l'exécution des charges, les soldats se conforment aux principes prescrits N.os 153 et 154 de l'école du soldat, dans les observations relatives aux charges.

43. La charge à volonté étant la charge de combat, et par conséquent celle qu'il importe le plus

de rendre familière aux soldats, on s'y attachera de préférence, dès qu'ils seront bien affermis dans les principes; et on les amènera par degrés à charger trois coups au moins, et même quatre, par minute, avec régularité en aisance.

ARTICLE 3.

Feu de peloton.

44. L'instructeur voulant faire exécuter le feu de peloton, commandera :

1. *Feu de peloton.*
2. *Commencez le feu.*

45. Au premier commandement, le chef de peloton se portera vivement derrière le centre de son peloton, à deux pas en arrière des serre-files.

46. Le sous-officier de remplacement reculera sur l'alignement des serre-files, vis-à-vis de son creneau; ce principe sera général pour ce sous-officier dans les feux.

47. Au deuxème commandement, le chef de peloton commandera :

1. *Peloton.*
2. *Armes.*
3. *Joue.*
4. *Feu.*
5. *Chargez.*

48. Au commandement de *chargez*, les soldats retireront leurs armes, les chargeront et les porteront; le chef de peloton fera aussitôt recommencer le feu par les mêmes commandemens, ce qui continuera ainsi jusqu'au roulement.

49. Le chef de peloton fera quelquefois tirer obliquement à droite et à gauche, en observant seulement de prononcer chaque fois l'avertissement, *oblique à droite*, ou *oblique à gauche*, après le commandement *armes*, et avant celui *joue*, et de faire tirer tantôt à droite et tantôt à gauche, sans autre avertissement; il fera aussi quelquefois le comman-

dement de *redressez-vos armes* après celui de *joue*, afin d'habituer le soldat au calme, au sang froid et à l'attention au commandement.

ARTICLE 2.

Feux de deux rangs.

50. L'instructeur, voulant faire exécuter le feu de deux rangs, commandera :

1. *Feu de deux rangs.*
2. *Peloton.*
3. *Armes.*

Commencez le feu.

51. Au premier commandement, le chef de peloton se portera à un pas en arrière du troisième rang, vis-à-vis son creneau.

52. Les troisieme et quatrième commandemens seront exécutés comme il a été prescrit dans l'école du soldat, N.º 276 et suivans.

53. Le feu commencera par la file de droite du peloton ; la file suivante ne mettera en joue qu'au moment où celle qui vient de tirer amorcera, et ainsi de suite jusqu'à la gauche, mais cette progression n'aura lieu que pour le premier feu seulement, chaque homme devant ensuite charger et tirer sans se régler sur les autres, et en se conformant à ce qui a été prescrit dans l'école du soldat, N.os 180, 181.

54. L'instructeur fera cesser le feu soit de peloton, soit de deux rangs, par un roulement, et à l'instant où le roulement commencera, les soldats cesseront de tirer : s'ils avaient fait feu, ils chargeraient les armes et les porteraient ; s'ils se trouvaient dans la position d'*apprêtez vos armes*, il feraient front, remetteraient en même tems le chien au repos, et porteraient les armes ; s'ils se trouvaient dans la position de *joue*, ils exécuteraient d'eux mêmes le mouvement de *redressez vos armes*, feraient front en remettant le chien au repos, et porteraient les ar-

mes. Dans le feu de peloton, le premier rang se relevera pour remettre le chien au repos ; dans celui de deux rangs, les hommes du second et du troisième rang se rendront réciproquement leur arme, s'il ne l'avaient pas, après avoir mis le chien au repos, et avant de porter l'arme.

55. Le roulement sera toujours suivi d'un coup de baguette, et, à ce signal, le chef de peloton, ainsi que le sous-officier de remplacement, reprendront vivement leurs places de bataille, et rectifieront, s'il y a lieu, l'alignement des rangs.

56. Dans cette école le roulement sera indiqué par le commandement de *roulement*, que prononcera l'instructeur lorsqu'il voudra faire cesser le feu.

Le coup de baguette pour faire rentrer le chef de peloton et le sous-officier de remplacement à leur place de bataille, sera également indiqué par le commandement de *coup de baguette*, que prononcera l'instructeur lorsqu'il verra les armes portées.

ARTICLE 5.

Feu en arrière.

57. L'instructeur fera exécuter les feux en arrière, et à cet effet il commandera :

1. *Feu en arrière.*
2. *Peloton.*
3. *Demi-tour à droite.*

58. Au commandement de *demi-tour*, le chef de peloton se placera face et contre l'homme de droite du premier rang de son peloton ; le sous-officier de remplacement et les serre-files traverseront légèrement par le creneau du chef de peloton, et se placeront face en arrière, à deux pas du premier rang, vis-à-vis leurs places de bataille.

59. Au commandement d'*à-droite*, le chef de peloton se reportera dans son creneau, mais au troisième rang devenu premier, et le sous-officier de remplacement se placera derrière le chef de peloton, au premier rang devenu troisième.

60. Le peloton faisant ainsi face en arrière; l'instructeur fera exécuter le feu de peloton direct et oblique, et celui de deux rangs, par les commandemens prescrits dans l'article précédent; le chef de peloton, le sous-officier de remplacement et les soldats se conformeront de même à ce qui y est expliqué.

61. Dans le feu de peloton en arrière, le troisième rang devenu premier mettra genou en terre.

62. Le feu de deux rangs en arrière commencera par la gauche du peloton devenue droite.

63. Pour remettre le peloton face en tête, l'instructeur commandera :

1. *Face en tête.*
2. *Peloton.*
3. *Demi-tour--à droite.*

64. Au commandement de *demi-tour*, le chef de peloton, le sous-officier de remplacement et les serre-files se conformeront à ce qui est prescrit ci-dessus.

65. Au commandement d'*à-droite*, le chef de peloton et le sous-officier de remplacement reprendront leurs places de bataille.

Observations relatives aux feux.

66. Dans cette leçon l'instructeur habituera le rang qui aura mis genou en terre à viser horizontalement, et ceux qui tirent debout à baisser tant soit peu le bout du canon en visant.

67. L'instructeur recommandera au chef de peloton de mettre assez d'intervalle entre les commandemens de *joue* et de *feu* pour laisser aux soldats le temps de viser.

68. L'instructeur se placera en avant du flanc droit de manière à voir les trois rangs, afin de pouvoir remarquer les fautes; il chargera le chef de peloton et les serre-files d'y veiller également, et de lui en rendre compte dans les repos, et il renverra à l'instruction individuelle les hommes qui chargeront mal ou qui se trouveront habituellement les derniers dans le feu de peloton.

69. L'instructeur recommandera au soldat le plus grand calme et sang froid dans les feux, sans que cela fasse rien perdre de la vivacité dans l'exécution, et ne négligera rien pour les y habituer.

70. Il donnera pour principe général aux soldats dans les feux, d'être attentifs à conserver le talon gauche en place, afin que l'alignement des rangs et des files ne puisse pas se déranger; et il vérifiera après le feu en examinant l'alignement, si ce principe a été observé.

71. L'instructeur ajoutera à ces observations toutes celles qui ont été prescrites dans l'école du soldat, N.os 183, 185 et 186.

72. Lorsqu'on exécutera les feux à poudre l'instructeur fera quelquefois reposer sur les armes, et mettre la baguette dans le canon, sans ouvrir les rangs, afin de vérifier si quelque soldat n'a pas fait la faute de mettre trois charges dans son fusil, auquel cas il ferait décharger l'arme avec un tire-bourre.

TROISIÈME LEÇON.

ARTICLE PREMIER.

Marche en bataille.

73. Le peloton étant en bataille et correctement aligné, l'instructeur voulant l'exercer à la marche en bataille, se portera à quinze ou vingt pas en avant du chef de peloton, fera face en arrière, et se placera correctement sur le prolongement du chef de peloton et du sous-officier de remplacement qui est derrière lui au troisième rang.

74. L'instructeur s'assurera auparavant que le chef de peloton et le sous-officier de remplacement aient leurs épaules parfaitement dans la direction de leurs rangs respectifs, et qu'ils soient correctement placés l'un derrière l'autre.

75. L'instructeur, s'étant bien aligné sur la file de direction, commandera :

1. *Peloton en avant.*

76. A ce commandement, un sous-officier de serre-file désigné d'avance, se portera à six pas en avant du chef de peloton; l'instructeur, placé comme il vient d'être prescrit, alignera correctement ce sous-officier sur le prolongement de la file de direction.

77. Le serre-file placé à six pas devant le chef de peloton, devant être chargé de la direction, prendra, dès que sa position sera assurée, deux points à terre, dans la ligne droite qui, partant de lui, irait passer entre les talons de l'instructeur.

78. Cette disposition étant faite, l'instructeur commandera:

1. *Marche.*

79. A ce commandement, le peloton partira vivement; le sous-officier chargé de la direction observera avec la plus grande précision la longueur et la cadence du pas, marchera dans la direction des deux points qu'il avait choisis entre lui et l'instructeur, prendra à mesure qu'il avancera, et toujours un peu avant d'arriver au point le plus près de lui, de nouveaux points en avant qui soient exactement dans le prolongement des deux premiers, et à quinze ou à vingt pas l'un de l'autre; le chef de peloton marchera constamment dans les traces du sous-officier chargé de la direction, et se maintiendra toujours à six pas de lui; les soldats auront la tête directe, sentiront légèrement le coude de leur voisin du côté de la file de direction, et se conformeront aux principes prescrits dans l'école du soldat pour la marche de front.

80. L'homme placé à côté du chef de peloton, aura une attention particulière à ne jamais le déborder; et pour cet effet il tiendra toujours la ligne de ses épaules tant soit peu en arrière, mais dans la même direction que celle du chef de peloton.

81. Les serre-files marcheront à deux pas en arrière du troisième rang.

Si les soldats perdaient le pas, l'instructeur commanderait:

Au pas.

81. A ce commandement, les soldats jetteraient un coup-d'œil sur le sous-officier chargé de la direction, reprendraient tout de suite le pas de ce sous-officier, et replaceraient aussitôt la tête directe.

Observations relatives à la marche en bataille.

83. Si c'est un peloton d'école qu'on exerce, l'instructeur fera placer le chef de peloton et le sous-officier de remplacement tantôt à la droite et tantôt à la gauche de peloton ; lorsque ce sera un peloton de bataillon, ils seront placés à la gauche dans les demi-bataillons de droite, et à la droite dans les demi-bataillons de gauche.

84. Le sous-officier chargé de la direction ayant la plus grande influence sur la marche du peloton, l'instructeur n'employera à cette fonction que ceux qui ne laisseront rien à désirer, soit pour la précision du pas, soit pour l'habitude de maintenir la ligne des épaules carrément, et de se prolonger sans varier dans une direction donnée.

85. Si le sous-officier chargé de la direction n'observait pas ces principes, le peloton flotterait nécessairement, les soldats ne pourraient contracter l'habitude de faire des pas égaux en longueur et en vitesse, et de conserver imperturbablement la carrure des épaules, seuls moyens d'arriver à la perfection de la marche en bataille.

86. L'instructeur fera marcher trois ou quatre cent pas de suite en bataille sans arrêter, lorsque le terrain le permettra, afin de mieux affermir les soldats dans la longueur et la cadence du pas et dans les principes de la marche : dans les premiers exercices il pourra faire marcher à rangs ouverts, pour mieux surveiller la marche des deux derniers rangs : alors il fera passer un serre-file sur le flanc du second rang, derrière le chef de peloton.

87. L'instructeur veillera avec le plus grand soin

à l'observation de tous le principes de la marche en bataille, il se tiendra le plus souvent sur le flanc du côté de la direction, de manière à voir les trois rangs et à remarquer toutes les fautes ; il se placera aussi quelquefois en arrière de la file de direction, s'y arrêtera pendant vingt ou trente pas de suite, pour s'assurer si le sous-officier chargé de la direction ne s'écarte pas de la perpendiculaire.

ARTICLE 2.

Arrêter le peloton marchant en bataille, et l'aligner.

88. L'instructeur, voulant arrêter le peloton commandera :

1. *Peloton.*
2. *Halte.*

89. Au commandement de *halte*, le peloton arrêtera ; le sous-officier chargé de la direction restera devant le peloton, à moins que l'instructeur, ne voulant plus faire marcher en avant, ne lui commande de reprendre sa place de bataille.

90. Le peloton étant arrivé, l'instructeur pourra faire avancer les trois premières files du côté de la direction, et faire aligner le peloton sur cette base, ou bien il pourra se borner à faire rectifier l'alignement : dans le dernier cas l'instructeur commandera : *rectifier l'alignement* ; le chef de peloton portera aussitôt les yeux sur le rang, et rectifiera l'alignement, en se conformant à ce qui a été prescrit dans l'école du soldat, N.º 240.

ARTICLE 3.

Marche oblique en bataille.

92. Le peloton étant en marche directe, l'instructeur voulant le faire marcher obliquement, commandera :

1. *Oblique à droite (ou à gauche).*
2. *Marche.*

91. Au commandement de *marche*, qui sera prononcé conformément au principe prescrit dans l'école du soldat, N.os 36 et 37, le peloton prendra le pas oblique ; le sous-officier chargé de la direction aura la plus grande attention à maintenir ses épaules carrément, et à obliquer d'un mouvement égal ; le chef de peloton conformera sa marche à celle de ce sous-officier ; les soldats conserveront le tact des coudes du côté de la direction, et observeront avec soin les principes prescrits dans l'école du soldat, N.° 198 ; l'homme placé à côté du chef de peloton aura le plus grand soin à ne le pas déborder.

93. Lorsque l'instructeur voudra faire reprendre la marche directe, il commandera :

1. *En avant.*
2. *Marche.*

94. Au commandement de *marche*, qui sera prononcé à l'instant où le pied pose à terre, le peloton reprendra la marche directe ; l'instructeur se portera vivement à quinze ou vingt pas en avant du chef de peloton, fera face en arrière, se placera correctement sur le prolongement du chef de peloton et du sous-officier de remplacement, et y placera, par un signe, le sous-officier chargé de la direction, s'il n'était pas sur cette ligne : ce sous-officier prendra aussitôt deux points à terre entre lui et l'instructeur, et en prendra ensuite de nouveaux à mesure qu'il avancera, comme il a été expliqué ci-dessus, N.° 79.

Observations relatives à la marche oblique.

95. Si le chef de peloton n'était pas attentif à maintenir la ligne de ses épaules carrément, il donnerait une fausse direction au peloton, ce qui serait contraire à l'objet essentiel de la marche oblique, qui est de faire gagner du terrain sur la droite ou sur la gauche, en conservant la direction primitive du front de bataille.

96. Si le sous-officier chargé de la direction obliquait inégalement, en gagnant tantôt plus, tantôt moins de terrain du côté ; et si le chef de peloton se conformait à sa marche, il en résulterait tour-à-tour de la suppression et des ouvertures dans les files.

97. L'instructeur doit veiller avec le plus grand soin à prévenir ces fautes; il les rectifiera promptement lorsqu'il les remarquera, et pour cet effet, il se tiendra, pendant la marche oblique, en avant et face au peloton, de manière à pouvoir régler la marche du sous-officier chargé de la direction, et veiller à l'observation des principes; il aura soin que l'homme qui est à l'aile du côté vers lequel on oblique, gagne assez de terrain de côté, pour ne pas gêner la marche des files suivantes; si cet homme n'obliquait pas assez, le peloton crèverait; s'il obliquait trop, il se formerait des ouvertures. Il est donc important de bien régler le pas du chef de peloton, ou bien de l'homme placé à l'aile opposée, lorsqu'on obliquera de ce côté.

98. Enfin l'instructeur doit faire continuer la marche oblique long-tems de suite, lorsque le terrain le permettra, avant de faire reprendre la marche directe, afin d'en rendre la pratique facile aux soldats, ce qui est très-important dans le mouvemens de ligne.

ARTICLE 4.

Marquer le pas, marcher le pas accéléré et le pas en arrière.

99. Le peloton étant en marche directe au pas ordinaire, l'instructeur fera marquer le pas; à cet effet il commandera :

1. *Marquer le pas.*
2. *Marche.*

100. Pour faire ensuite reprendre le pas ordinaire, il commandera :

1. *En avant.*
2. *Marche.*

101. Pour faire marcher au pas accéléré, l'instructeur commandera :

1. *Pas accéléré.*
2. *Marche.*

102. Le commandement de *marche*, sera prononcé à l'instant où le pied va poser à terre, et sur le pied droit ou le pied gauche indistinctement.

103. Pour faire reprendre le pas ordinaire, l'instructeur commandera :

1. *Pas ordinaire.*
2. *Marche.*

104. Le commandement de *marche*, sera prononcé un instant plutôt que pour faire passer du pas ordinaire au pas accéléré, et sur l'un ou l'autre pied indifféremment.

105. Le peloton étant arrêté. l'instructeur pourra faire marcher le pas en arrière ; à cet effet il commandera :

1. *En arrière.*
2. *Marche.*

106. Le pas en arrière s'exécutera d'après les principes prescrits dans l'école du soldat, N.os 213. et 216 ; mais l'usage en étant peu fréquent, l'instructeur ne le fera exécuter que quinze ou vingt pas de suite, et seulement de tems à autre.

Observations relatives au pas accéléré.

107. L'instructeur ne doit exercer le peloton au pas accéléré que lorsque les soldats seront solidement affermis dans la longueur et la cadence du pas ordinaire ; il s'attachera alors à leur rendre facile et familière la cadence de 100 par minute, et à faire observer le même à-plomb du corps et le même calme que dans la marche au pas ordinaire.

108. Dans la charge et dans toutes les circonstances qui pourront exiger une grande célérité, ce pas pourra être porté jusqu'à 120 par minute : mais une troupe qui marcherait ainsi long-tems ne pouvant guère manquer de se désunir, il n'a pas dû être fixé à cette mesure dans les principes de la marche ; en conséquence les troupes ne seront exercées habituellement qu'au pas accéléré de 100 par minute.

ARTICLE 5.

Marche en bataille par le troisième rang.

109. Le peloton étant arrêté et correctement aligné, l'instructeur voulant le faire marcher en bataille par le troisième rang, commandera :

1. *Peloton.*
2. *Demi tour -- à droite.*

110. Le peloton ayant fait demi-tour à droite, l'instructeur se portera vivement en avant de la file de direction, en se conformant à ce qui a été prescrit ci-dessus, N.° 73.

111. L'instructeur, s'étant établi correctement sur le prolongement de la file de direction, commandera :

3. *Peloton en avant.*

112. A ce commandement, le sous-officier désigné pour être chargé de la direction, se conformera à ce qui a été prescrit ci-dessus, N.os 76, et 77, avec cette seule différence, qu'il se placera à six pas en avant des serre-files.

113. Le sous-officier de remplacement se portera sur l'alignement des serre-files, vis-à-vis son créneau, et le chef de peloton le remplacera au troisième rang devenu le premier.

114 Cette disposition étant faite, l'instructeur commandera :

4. *Marche.*

115. A ce commandement, le sous-officier chargé de la direction, le chef de peloton et les soldats se conformeront à ce qui a été prescrit ci-dessus, N.° 79 et suivans.

116. L'instructeur fera exécuter, en marchant par le troisième rang, tout ce qui a été prescrit ci-dessus pour la marche en bataille par le premier rang, à l'exception du pas en arrière, les commandemens et moyens d'exécution seront les mêmes.

117. Lorsque l'instructeur, ayant arrêté le peloton, voudra l'aligner, il le remettra face en tête par les commandemens prescrits ci-dessus, N.º 109; le chef de peloton et le sous-officier de remplacement, ayant fait demi-tour à droite, reprendront leurs places de bataille.

118. L'instructeur pourra ensuite faire porter en avant les trois premières files du côté de la direction, pour servir de base d'alignement, ou se borner à faire rectifier l'alignement, en se conformant dans l'une, et l'autre supposition à ce qui a été prescrit ci-dessus, N.º 90.

QUATRIÈME LEÇON.

ARTICLE PREMIER.

Marcher par le flanc.

119. Le peloton étant en bataille de pied ferme, l'instructeur voulant le faire marcher par le flanc droit, commandera :

1. *Peloton par le flanc droit.*
2. *A droite.*
3. *Marche.*

120. (Pl. VII fig. 1.) Au deuxième commandement, le peloton fera à droite; le chef du peloton exécutera le même mouvement en se plaçant à un pas en dehors du premier rang, de manière à se trouver à côté et à la gauche du sous-officier de remplacement, lequel se portera au premier rang en faisant de même à droite.

121. Au commandement de *marche*, le peloton partira vivement au pas ordinaire; le sous-officier de remplacement, placé devant l'homme de droite du premier rang, et le chef de pe-

loton placé à côté du sous-officier, se dirigeront droit en avant.
Les hommes du second et du troisième rang marcheront à hauteur de leur chef de file, en conservant la tête directe, marcheront à hauteur de leur place en bataille.

122. L'instructeur veillera à l'exécution des principes de la marche de flanc, en se plaçant, pendant la marche, comme il a été prescrit dans l'é-
cole du soldat, n. 222 et 223.

123. L'instructeur fera marcher par le flanc gauche, par les commandemens prescrits pour faire
marcher par le flanc droit, en substituant l'indication de *gauche* à celle de *droite*.

124. A l'instant où le peloton fera à gauche, le
serre-file le plus près de la gauche, se portera devant l'homme de gauche du premier rang ; le chef
de peloton se portant vivement à la gauche, se
placera à côté de ce serre-file : et à sa droite le
sous-officier de remplacement se portera au premier rang à l'instant où le chef de peloton se portera à la gauche.

A R T I C L E 2.

Changer de direction par file.

125. (PL. VII fig. 1.) Le peloton étant par flanc
de pied ferme, ou en marche, l'instructeur voulant faire converser par file, commandera :

1. *Par file à droite (ou à gauche).*
2. *Marche.*

126. Au commandement de *marche*, la première file conversera ; si c'est du côté du premier rang, l'homme de cette file
qui est au premier rang, aura soin de ne pas tourner tout à-coup,
mais de décrire un petit cercle, en raccourcissant un peu les
trois ou quatre premiers pas, pour donner le tems à l'homme
du troisième rang de se conformer à son mouvement ; si c'est
du côté du troisième rang, l'homme du premier rang conversera
en marchant le pas de deux pieds, et celui du troisième rang
se conformera à son mouvement, en décrivant un petit cercle,
comme il vient d'être expliqué ci-dessus, chaque file conversera
à la même place que celle qui la précède.

127. L'instructeur veillera à ce que la conversion s'exécute d'après ces principes, en sorte que la distance entre les files soit toujours conservée, et qu'il n'y ait ni temps d'arrêt ni à-coup dans la marche.

ARTICLE 5.

Arrêter le peloton marchant par le flanc,
et le remettre face en tête.

128. L'instructeur commandera :

1. *Peloton.*
2. *Halte.*
3. *Front.*

129. Les deuxième et troisième commandemens s'exécuteront comme il a été prescrit dans l'école du soldat, N.os 229 et 230; le chef de peloton et le sous-officier de remplacement reprendront leurs places de bataille à l'instant où le peloton fera front.

130. L'instructeur pourra alors faire prendre un alignement, en donnant trois files pour base, ou bien faire rectifier l'alignement par le chef de peloton, s'il y a lieu.

ARTICLE 4.

Le peloton étant en marche par le flanc, le former par
file sur la droite ou sur la gauche en bataille.

131. Le peloton étant en marche par le flanc droit, l'instructeur le fera former sur la droite par file en bataille; à cet effet il commandera :

1. *Sur la droite par file en bataille.*
2. *Marche.*

132. (PL. VII , fig. 2.) Au commandement de *marche*, le second et le troisième rang marqueront le pas, le sous-officier de remplacement et le chef de peloton tourneront à droite, marcheront ensuite devant eux et seront arrêtés par l'instructeur, lorsqu'ils auront dépassé de quatre pas au moins le troisième rang du peloton en marche, le soldat de droite du premier

rang continuera à marcher, passera derrière le sous-officier de remplacement tournera à droite, après qu'il l'aura dépassé, et viendra se placer à sa gauche et à côté de lui ; le second homme passera de même derrière le premier, tournera ensuite à droite et viendra se placer à sa gauche et à côté de lui, et ainsi de suite jusqu'au dernier homme de ce rang, de quelque nombre de files et de pelotons qu'il soit composé ; le second et le troisième rang exécuteront le mouvement de la même manière que le premier, en observant pour le second rang de ne commencer le sien que lorsqu'il y aura trois ou quatre hommes du premier rang de formés sur la ligne de bataille ; et pour le troisième rang, de ne commencer le mouvement que lorsqu'il y aura de même trois ou quatre hommes du second rang de formés sur cette ligne. Les hommes du second et du troisième rang se placeront correctement derrière leurs chefs de file, à mesure qu'ils se formeront sur la ligne de bataille.

133 Le chef de peloton se placera à la droite du sous-officier de remplacement en arrivant sur la ligne de bataille, et dirigera l'alignement à mesure que les hommes du premier rang arriveront sur cette ligne.

134 Si le peloton marchait par le flanc gauche, l'instructeur pourrait le former sur la gauche par file en bataille, par les commandemens prescrits ci-dessus, N.º 131, en substituant l'indication de *gauche* à celle de *droite*, et par les moyens inverses ; le chef de peloton placé à la gauche du premier rang, se reporterait à sa place de bataille, dès que l'instructeur voyant le peloton formé et aligné, lui en donnerait l'ordre.

135. Pour mieux faire sentir aux soldats le mécanisme de ce mouvement, l'instructeur le fera exécuter d'abord séparément par chaque rang, et ensuite par les trois rangs ensemble, en leur prescrivant de l'exécuter comme si chaque rang était isolé, mais en observant toutefois ce qui vient d'être prescrit pour les deux derniers relativement au moment de commencer le mouvement.

L'instructeur suivra le mouvement, pour s'assurer que chaque file se conforme à ce qui est prescrit ci-dessus, N.º 132.

ARTICLE 5.

Le peloton étant en marche par le flanc, former le peloton ou les sections en marchant.

136. (PL. VII, fig. 3.) Le peloton étant supposé en marche par le flanc droit, l'instructeur ordonnera au chef de peloton de la faire former ; le chef de peloton commandera aussitôt :

1. *Par peloton en ligne.*
2. *Marche.*

137. Au commandement de *marche*, le sous-officier de remplacement continuera à marcher droit devant lui, les soldats avanceront l'épaule droite, prendront le pas accéléré, et se porteront en ligne par le chemin le plus court, en observant de n'y rentrer que l'un après l'autre et sans courir.

138. A mesure que les soldats arriveront en ligne, ils prendront le pas du sous-officier de remplacement.

139. Les hommes du second et troisième rang se conformeront au mouvement de leur chef de file, mais sans vouloir arriver en ligne en même temps qu'eux.

140. A l'instant où le mouvement commencera, le chef de peloton fera face à son peloton, et en surveillera l'exécution ; dès que le peloton, sera formé, il commandera *guide à gauche*, se portera à deux pas devant le centre de son peloton, fera face en tête et prendra le pas du peloton.

141. Au commandement , *guide à gauche* du chef de peloton, le serre-file le plus près de la gauche se portera sur le flanc gauche du premier rang, à sa place de guide, le sous-officier de remplacement qui est à l'aile opposée y restera.

142. Si le peloton marchait par le flanc gauche, ce mouvement s'exécuterait par les mêmes commandemens et d'après les mêmes principes; le peloton étant formé, le chef de peloton commanderait

guide à droite et se porterait devant le centre ; le sous-officier de remplacement qui est à la droite du premier rang servirait de guide, et le serre-file placé au flanc gauche y resterait.

143. Ainsi, dans une colonne par peloton, le sous-officier de remplacement de chacun sera toujours placé à la droite du premier rang, et le serre-file le plus près de la gauche sera toujours placé à la gauche en premier rang de leur peloton, soit que la colonne ait la droite ou bien la gauche en tête ; ils seront dénommés *guide de droite* et *guide de gauche* de peloton, et l'un d'eux sera toujours chargé de la direction, selon que la colonne aura la droite ou bien la gauche en tête.

144. Le peloton étant en marche par le flanc, si l'instructeur voulait faire former les sections, il en donnerait l'ordre au chef du peloton, et celui-ci commanderait aussitôt :

1. *Par sections en ligne.*
2. *Marche.*

145. Le mouvement s'exécuterait d'après les mêmes principes ; le chef de peloton se porterait devant le centre de la première section ; le chef de la seconde section se porterait devant le centre de cette section ; et ils commanderaient *guide à gauche*, ou bien *guide à droite*, à l'instant où leur section serait formée.

146. Au commandement de *guide à gauche*, ou de *guide à droite*, fait par le chef de chaque section, le guide de chacune se porterait au flanc gauche ou au flanc droit, s'il n'y était déjà.

147. Le *guide de droite* du peloton servira toujours de guide de droite et de gauche à la première section, et le *guide de gauche* du peloton servira également de guide de droite et de gauche à la seconde section.

148. D'après ce principe, il n'y aura jamais dans

une colonne par section qu'un seul guide sur le flanc de chacune ; et il sera toujours placé sur le flanc gauche, si la droite est en tête.

149. Dans ces divers mouvemens : les serre-files suivront la section à laquelle ils sont attachés.

CINQUIÈME LEÇON.

ARTICLE PREMIER.

Rompre en colonne par section.

150. L'instructeur, voulant faire rompre par section à droite, commandera :

1. *Par section à droite.*
2. *Marche.*

151. (Pl. VIII fig. 1.) Au premier commandement, les chefs de section se porteront à deux pas devant le centre de leur section ; celui de la seconde section passant à cet effet par le flanc gauche du peloton, ils ne s'occuperont pas de s'aligner l'un sur l'autre ; il suffira de se placer chacun à deux pas devant le premier rang.

152. Au commandement de *marche*, l'homme de droite du premier rang de chaque section fera à droite ; le chef de chaque section se portera vivement, et par la ligne la plus courte, en dehors du point où devra appuyer l'aile qui converse, fera face en arrière, et se placera de manière que la ligne qu'il forme avec l'homme de droite du premier rang, soit perpendiculaire à celle qu'occupait le peloton en bataille ; les sections converseront par le principe des conversions de pied ferme au pas ordinaire ; et lorsque l'homme qui conduit l'aile marchante sera arrivé à deux pas de la perpendiculaire, le chef de chaque section commandera :

1. *Section.*
2. *Halte.*

153. Au commandement de *halte*, les sections arrêteront ; le sous-officier de remplacement se portera au même instant au point où devra appuyer la gauche de la première section, passant pour cet effet par devant le premier rang ; le serre-file le plus près de la gauche du peloton se portera au point où devra ap-

puyer la gauche de la deuxième section ; ils observeront de laisser entre eux et l'homme de droite de leur section l'espace nécessaire pour contenir le front de la section ; le chef de peloton et le chef de la seconde section y veilleront, et auront soin de les aligner entre eux et l'homme de leur section qui aura fait *à droite.*

154. Le guide de chaque section étant ainsi établi sur la perpendiculaire, les chefs de sections commanderont :

3. *A gauche -- alignement.*

155. L'alignement étant achevé, chaque chef de section commandera *fixe*, et se portera à deux pas devant le centre de sa section.

156. Les serre-files qui sont derrière le troisième rang, se conformeront au mouvement de leurs sections respectives, et se placeront à deux pas en arrière de ce rang.

157. On rompra par section à gauche d'après les mêmes principes ; l'instructeur commandera :

1. *Par section à gauche.*
2. *Marche.*

158. Le premier commandement s'exécutera de la même manière que pour rompre par section à droite.

159. Au commandement de *marche*, l'homme de gauche du premier rang de chaque section fera à gauche, et les sections converseront à gauche par le principe des conversions de pied ferme ; les chefs de section se conformeront à ce qui a été prescrit ci-dessus, n.° 132.

160. Au commandement de *halte* du chef de chaque section, le sous-officier de remplacement, placé à la droite de la première section, et le serre-file le plus près de la gauche de la seconde section, se conformeront à ce qui a été prescrit ci-dessus, n.° 153 ; les chefs de sections les aligneront entre eux et l'homme de gauche du premier rang de leurs sections respectives, et commanderont :

A droite -- alignement.

161. Les sections étant alignées, chaque chef de section commandera *fixe*, et se portera devant le centre de sa section.

Observations relatives au mouvement de rompre en colonne.

162. L'instructeur, placé en avant du peloton, observera si le mouvement s'exécute d'après les principes prescrits ci-dessus, si les sections, après avoir rompu en colonne, sont placées perpendiculairement à la ligne qu'occupait le peloton en bataille, et si le guide, qui s'est porté au point où devra aboutir l'aile de sa section, a laissé entre lui et l'homme de droite (ou de gauche) du premier rang, l'espace exactement nécessaire pour contenir le front de la section.

163. Les sections ayant rompu, si le guide de la dernière ne courait pas exactement le guide qui le précède, ne chercherait à reprendre la direction que lorsque la colonne se mettrait en marche, à moins que l'instructeur, voulant remettre le peloton immédiatement en bataille, ne jugeât nécessaire de rectifier la direction des guides, ce qui s'exécuterait alors comme il sera expliqué ci-après dans l'article 5 de cette leçon.

164. L'instructeur observera que l'homme de droite (ou de gauche) de chaque section, qui, au deuxième commandement de l'instructeur, aura fait à droite ou à gauche, étant le véritable pivot de la conversion, l'homme du premier rang placé à côté de lui, doit gagner un peu de terrain en avant en conversant de manière à démasquer le pivot.

ARTICLE 2.

Marcher en colonne.

165. Le peloton étant rompu par section, la droite en tête, l'instructeur voulant faire marcher

la colonne, se portera à quinze ou vingt pas en avant de la tête, fera face aux guides, et se placera correctement sur leur direction, après avoir averti celui de la tête de prendre des points à terre.

166. L'instructeur étant ainsi placé, le guide de la première section prendra deux points à terre entre lui et l'instructeur, dans la ligne droite qui, partant de lui, passerait entre les talons de ce dernier; ce qui étant exécuté, l'instructeur commandera :

1. *Colonne en avant.*
2. *Guide à gauche.*
3. *Marche.*

167. Au commandement de *marche*, qui sera vivement répété par les chefs de section, ils enlèveront, ainsi que les guides, par un pas décidé, la marche de leurs sections, en sorte qu'elles partent vivement et au même instant.

168. Les soldats sentiront légèrement le coude de leur voisin du côté du guide, et observeront en marchant les principes prescrits dans l'école du soldat, n.° 198; l'homme de chaque section placé à côté du guide se tiendra toujours à environ six pouces de lui, pour éviter qu'il ne puisse jamais le pousser hors de la direction, et observera aussi de ne jamais le déborder.

169. Le guide de la tête observera avec la plus grande précision la longueur et la cadence du pas, et assurera la direction de sa marche par les moyens prescrits ci-dessus, n.° 79.

170. Le guide suivant marchera exactement dans la trace du guide de la tête, en observant entre lui et ce guide une distance exactement égale à l'étendue du front de sa section, et en conservant le même pas que le guide qui le précède.

171. Si le guide de la seconde section perdait sa distance, ce qui ne pourra arriver que par sa faute, il ne doit la reprendre que peu à peu, soit en alongeant, soit en raccourcissant insensible-

ment le pas, afin qu'il n'y ait jamais ni temps d'arrêt, ni à-coup dans la marche.

172. Si le guide de la seconde section, ayant négligé de suivre exactement la trace du guide précédent, s'était jeté sensiblement en déhors de la direction, il remédierait à cette faute en avançant plus ou moins l'épaule gauche, de manière à regagner peu à peu la direction par le pas direct, afin de sauver l'inconvénient du pas oblique qui ferait perdre la distance ; si au contraire le guide s'était jeté sensiblement en dedans de la direction, il y remédierait par les moyens inverses : dans l'une et l'autre supposition, le chef de section veillera à ce que les soldats se conforment au mouvement du guide.

Observations relatives à la marche et à la direction en colonne.

173. Si les chefs de section et les guides négligeaient d'enlever vivement leur section et de décider la marche dès le premier pas, elle commencerait par être incertaine, le pas et les distances se perdraient.

174. Si le guide de la tête ne marchait point un pas égal, la marche de sa section et de celle qui suit serait incertaine, il y aurait du frottement, des temps d'arrêt et des à-coups.

175. Si le guide de la tête n'était pas habitué à se prolonger, sans varier, dans une direction donnée, il décrirait dans sa marche une ligne courbe, et la colonne serpenterait.

176. Si le guide suivant n'était pas habitué à marcher dans la trace du guide qui le précède, il perdrait à tout moment sa distance, dont l'observation est le premier principe dans la marche en colonne.

177. Le guide de chaque section sera respon-

sable de la distance, de la direction et du pas:
le chef de section le sera de l'ordre et de l'ensemble dans sa section ; en conséquence il se retournera souvent pour y veiller.

178. L'instructeur placé sur le flanc du côté des guides, veillera à l'exécution de tous les principes prescrits : il se placera aussi quelquefois en arrière des guides, s'y alignera correctement, et s'y arrêtera pendant vingt ou trente pas de suite, pour vérifier si le guide de la tête ne s'écarte pas de la direction, et si le guide suivant marche exactement dans la trace du premier.

179. Toutes les fois qu'on sera rompu en colonne, les chefs de subdivision répéteront les commandemens *marche* et *halte* de l'instructeur, à l'instant même où ils leur parviendront, et sans se régler l'un sur l'autre ; ils ne répéteront aucun autre commandement, mais avertiront seulement leur soldats s'ils ne les avaient pas entendus.

ARTICLE 3.

Changez de direction.

170. La colonne étant en marche, la droite en tête, l'instructeur, voulant lui faire changer de direction à gauche, en donnera l'ordre au chef de la première section, se portera aussitôt de sa personne, ou enverra un jalonneur au point où le mouvement devra commencer, et s'y placera sur la direction des guides, de manière à présenter le côté droit à celui de la tête.

181. Le guide de la tête se dirigera sur l'instructeur ou sur le jalonneur placé au point de la conversion, de manière que son bras gauche rase la surface de sa poitrine ; et lorsqu'il sera près d'arriver à sa hauteur, le chef de section commandera :

1. *Tournez à gauche.*
2. *Marche.*

182. (Pl. VIII , fig. 2.) Le premier commandement sera fait à deux pas avant d'arriver au point de conversion.

183. Au commandement *marche*, qui sera prononcé à l'instant où le guide arrivera au point de conversion , le guide ainsi que la section tourneront à gauche, en se conformant à ce qui a été prescrit dans l'école du soldat, n.° 270.

184. Le guide de la première section ayant tourné, prendra des points à terre dans la nouvelle direction , afin de mieux assurer sa marche.

185. La seconde section continuera à marcher droit devant elle , son guide se dirigeant de manière à raser la surface de la poitrine de l'instructeur, ou du jalonneur placé au point de conversion ; arrivée à hauteur de ce dernier, la seconde section tournera à gauche par les mêmes commandemens, et d'après les mêmes principes que la première.

186. Pour faire changer de direction sur le côté opposé au guide, l'instructeur en ayant donné l'ordre au chef de la première section, ira aussitôt de sa personne, ou enverra un jalonneur, se placer au point où le changement de direction devra s'exécuter, et de la même manière qu'il a été expliqué pour changer de direction sur le côté du guide.

187. Le guide de la première section se dirigera comme il a été prescrit ci-dessus, n.° 181 ; et lorsqu'il sera arrivé à deux pas du point de la conversion, le chef de section commandera :

1. *A droite -- conversion.*

2. *Marche.*

188. (Pl. VIII, fig. 3.) Au commandement *marche*, qui sera prononcé à l'instant où le guide arrivera au point de la conversion , la section exécutera un mouvement de conversion à droite, en se conformant à ce qui a été prescrit dans l'école du soldat, n.° 164.

189. La conversion étant achevée, le chef de la section commandera :

1. *En avant.*

2. *Marche.*

190. Ces commandemens seront prononcés et exécutés conformément à ce qui a été prescrit dans l'école du soldat, num. 266 et 267.

191. La seconde section continuera à marcher droit devant elle, le guide de cette section ayant attention de se diriger sur l'instructeur ou le jalonneur; cette section exécutera à son tour un mouvement de conversion à droite, à la même place, et par les mêmes commandemens et moyens que la premier section, et reprendra de même la marche directe.

192. Les changemens de direction dans une colonne, la gauche en tête, s'exécuteront d'après les mêmes principes, et par les moyens inverses.

*Observations relatives aux changemens de direction
en colonne.*

193. Il est très-important, pour la conservation de la distance et de la direction, que toutes les subdivisions exécutent leur changement de direction précisément à la même place que la première : c'est pour cette raison que l'instructeur doit se porter, ou placer un jalonneur un peu d'avance au point de conversion, et qu'il a été prescrit aux guides de se diriger sur lui, et aux chefs de subdivision de ne faire commencer l'exécution du mouvement, qu'à l'instant où leur guide rasera la surface de sa poitrine.

194. Les chefs de subdivisions doivent veiller à ce que leur subdivision arrive carrément sur le terrain où elle devra changer de direction; à cet effet, ils doivent se retourner face à leur subdivi-

sion, lorsque celle qui précède commence à converser ou à tourner, afin de veiller à ce que leur subdivision continue à marcher carrément devant elle jusqu'au point de conversion.

195. Si, dans les changemens de direction sur le côté opposé au guide, le pivot de la subdivision qui converse ne dégageait pas le point de conversion, la subdivision suivante serait arrêtée et les distances se perdraient, car le guide qui conduit l'aile marchante, ayant à parcourir environ une fois et demie l'étendue du front de la subdivision, celle qui suit immédiatement serait déjà arrivée au point où elle devra converser, tandis que la subdivision qui converse, aurait encore à parcourir la moitié de l'étendue de sont front, et serait obligée de marquer le pas jusqu'à ce que la subdivision précédente eût achevé la conversion : cette dernière parcourant ensuite en avant une fois et demie l'étendue de son front, pendant que celle qui la suit exécuterait sa conversion, il en résulterait, si le pivot était fixe, qu'il y aurait autant de tems d'arrêts successifs, moins un, que de subdivisions dans la colonne, et que la dernière subdivision se trouverait, au moment où elle aurait achevé sa conversion, trop éloignée de celle de la tête, de la moitié de l'étendue du front qu'occuperait la colonne en bataille, moins le front de la première subdivision. C'est pour remédier à ces inconvéniens, qu'on a prescrit que le pivot ferait le pas de six pouces, afin de ne pas arrêter la subdivision suivante ; les chefs de subdivision devant veiller avec le plus grand soin à l'exécution de ce principe, il se retourneront face à leur peloton, et avertiront le pivot d'alonger ou de raccourcir le pas, selon qu'ils le jugeront nécessaire : par la nature de ce mouvement, le centre de la subdivision doit ceintrer un peu en arrière.

196. Les guides ne doivent jamais altérer la lon-

gueur ni la cadence du pas, soit que le changement de direction ait lieu sur le côté du guide,
ou sur le côté opposé.

197. L'instructeur placé au point de conversion
(ou le jalonneur qu'il y aura envoyé), présen-
tera toujours le côté droit à colonne, si elle
a la droite en tête; le côté gauche, si la gauche
est en tête, et se placera sur le prolongement des
guides. L'instructeur veillera avec le plus grand
soin à l'observation de tous les principes prescrits
ci-dessus, à ce que chaque subdivision ne commence l'exécution du mouvement, qu'à l'instant
où le guide rasant la surface de sa poitrine, sera
prêt à le dépasser, et que, dans les changemens
de direction sur le côté opposé au guide, l'aile
marchante ne dérive pas un trop grand cercle,
afin de ne pas se jeter en dehors de la nouvelle
direction.

ARTICLE 4.

Arrêter la colonne.

198. La colonne étant en marche, l'instructeur
voulant l'arrêter, commandera :

1. *Colonne.*
2. *Halte.*

199. Au commandement *halte*, vivement répété par les chefs
de section, elles s'arrêteront en même temps ; et les guides ne
bougeront plus, quand même ils n'auraient ni leur distance ni
leur direction, à moins que l'instructeur, voulant former la colonne en bataille, ne juge nécessaire de rectifier leur direction
ce qui s'exécutera alors comme il sera prescrit dans l'article
suivant.

200. Les chefs de subdivision ne feront point
de commandement d'alignement, l'instructeur seul
devant faire ce commandement, s'il ne juge nécessaire, dans le cas où il voudrait former la colonne en bataille, comme il sera expliqué dans
l'article suivant.

Observations relatives à ce qui est prescrit
pour arrêter la colonne.

201. Si le commandement HALTE n'était pas répété avec la plus grande vivacité, et exécuté au même instant, les distances se perdraient.

202. Si un guide, ayant perdu sa distance, cherchait à la reprendre après le commandement *Halte* il ne ferait par-là que rejeter sa faute sur le guide suivant, qui, s'il a bien marché, se trouverait alors n'avoir plus la sienne ; et, si ce dernier voulait à son tour la reprendre, le même mouvement se propagerait successivement jusqu'à la queue de la colonne.

203. Lorsque l'instructeur, ayant arrêté la colonne, ne voudra pas la former en bataille, il pourra se dispenser de rectifier la direction des guides, elle sera suffisamment exacte, ainsi que les distances, si le guide de la tête et les guides suivans ont observé ce que leur a été prescrit ci-dessus, N.os 169 et 170.

ARTICLE 5.

Etant en colonne par section, se former à gauche ou à droite en bataille.

204. L'instructeur ayant arrêté la colonne supposée avoir la droite en tête, et voulant la former en bataille, se portera aussitôt à distance de section en avant du guide de la tête, fera face à ce guide, et rectifera, s'il est besoin, la position du guide suivant ; ce qui étant exécuté, l'instructeur commandera :

A gauche --- alignement.

205. A ce commandement qui ne sera point répété par les chefs de subdivision, chaque chef de section se portera vivement à environ deux pas en dehors de son guide, et dirigera l'alignement de sa section perpendiculairement à la direction de la colonne.

206. Les chefs de section, ayant aligné leurs sections respectives, commanderont *fixe*, et se porteront légèrement devant le centre de leur section.

Cette disposition étant faite, l'instructeur commandera :

1. (PL. VIII, fig. 4.) *A gauche en bataille.*
2. *Marche.*

207. Au commandement de *marche*, vivement répété par les chefs de section, l'homme de gauche du premier rang de chaque section fera à gauche, et appuiera légèrement sa poitrine contre le bras droit du guide placé à côté de lui, lequel ne bougera pas ; les sections converseront à gauche par le principe des conversions de pied ferme, et en se conformant à ce qui a été prescrit ci-dessus, N.° 164 ; chaque chef de section se retournera face à sa section, pour y veiller, et lorsque la droite de sa section sera arrivée à deux pas de la ligne de bataille, il commandera :

1. *Section.*
2. *Halte.*

208. Le chef de la seconde section, ayant arrêté sa section, se portera en serre-file.

209. Le chef de peloton, ayant arrêté la première section, se portera légèrement sur la ligne de bataille, au point où devra appuyer la droite du peloton, et commandera aussitôt :

A droite--alignement.

210. A ce commandement, les deux sections se placeront sur l'alignement, l'homme de la première, qui correspond à l'instucteur établi sur la direction des guides, appuiera légèrement à la poitrine contre son bras gauche, et le chef de peloton dirigera l'alignement sur l'homme de gauche du peloton.

211. Le peloton étant aligné, le chef de peloton commandera :

Fixe.

212. L'instructeur, voyant le peloton en bataille et immobile, commandera:

Guides --- à vos places.

113. A ce commandement, le sous-officier de remplacement se portera derrière le chef de peloton, le guide de la seconde section se portera en serre-file.

L'instructeur vérifiera l'alignement, et le fera rectifier, s'il y a lieu, par le chef de peloton.

214. Pour former la colonne, la gauche en tête, à *droite en bataille*, l'instructeur se placera à distance en section en avant et face au guide de la tête, et rectifiera, s'il le juge nécessaire, la position du guide suivant, ce qui étant exécuté, il commandera :

1. *A droite en bataille.*
2. *Marche.*

215. Au commandement de marche, l'homme de droite du premier rang de chaque section fera à droite, et appuyera légèrement sa poitrine contre le bras gauche du guide placé à côté de lui lequel ne bougera ; chaque section conversera à droite, et sera arrêtée par son chef, lorsque l'aile marchante sera arrivée à deux pas de la ligne de bataille ; pour cet effet les chefs de sections commanderont :

1. *Section.*
2. *Halte.*

216. Le chef de la seconde section, ayant arrêté sa section, se portera en serre-file.

217. Le chef de peloton, ayant arrêté la première section, se portera légèrement à la gauche du peloton, observant de s'y placer sur la ligne de bataille, au point où devra appuyer l'homme de gauche, et commandera aussitôt ;

A gauche—alignement.

218. A ce commandement, les deux sections se placeront sur l'alignement ; l'homme de gauche de la seconde section, qui correspond à l'instructeur, appuiera légèrement sa poitrine contre son bras droit, et le chef de peloton dirigera l'alignement sur l'homme de droite de peloton.

P 5

219. Le peloton étant aligné, le chef de peloton commandera :

Fixe.

220. L'instructeur commandera ensuite :

Guides — à vos places.

221. A ce commandement, le chef de peloton se portera à la droite de son peloton, le sous-officier de remplacement se portera derrière le chef de peloton au troisième rang, et le guide de la seconde section se portera en serre-file.

*Observations relatives au mouvement de se former
à gauche ou à droite en bataille.*

222. L'instructeur pourra se dispenser de faire le commandement de *à gauche* ou (*à droite*) ...alignement, avant de commander *à gauche* (ou *à droite*) *en bataille*, à moins que, par la rectification des guides, il ne soit devenu nécessaire que les sections appuient à droite ou à gauche.

223. L'instructeur doit observer, avant de commander *à gauche* (ou *à droite*) *en bataille*, si la dernière section a exactement sa distance. Cette attention est importante pour habituer les guides à ne jamais se négliger sur ce point essentiel.

SIXIÈME LEÇON.

ARTICLE PREMIER.

Mettre des files en arrière et les faire rentrer en ligne.

224. Le peloton étant en marche et supposé faire partie d'une colonne, la droite ou la gauche en tête, l'instructeur voulant faire mettre les files en arrière, en donnera l'ordre au chef de peloton, qui se retournera aussitôt face à son peloton, et commandera :

1. *Une file de droite (ou de gauche) en arrière.*
2. *Marche.*

225. (PL. XIII, fig. 8.) Au commandement de *marche*, la première file de droite ou la première de gauche du peloton marquera le pas, et les autres continueront à marcher en avant; l'homme du troisième rang de cette file se portera, aussitôt que le troisième rang du peloton l'aura dépassée, à gauche si c'est une file de droite, à droite si c'est une file de gauche, et se placera derrière la troisième file de ce côté: l'homme du second rang se portera de même derrière la deuxième file, et celui du premier rang derrière la première file, à l'instant où le troisième rang du peloton les dépassera. Chaque homme se portera à la place qui lui est prescrite, en avançant un peu l'épaule extérieure, ayant la plus grande attention à ne pas perdre de distance.

226. L'instructeur voulant faire rompre encore une file du même côté, et ayant donné l'ordre au chef de peloton, ce dernier fera les mêmes commandemens que ci-dessus.

227. (PL. XIII., fig. 9) Au commandement de *marche*, du chef de peloton, la file déjà rompue, avançant un peu l'épaule extérieure, gagnera l'espace d'une file à droite si ce sont des files de gauche, à gauche si ce sont des files de droite, en raccourcissant le pas, afin de faire place à la nouvelle file en avant d'elle; la nouvelle file rompra de la même manière que la première.

228. L'instructeur pourra faire diminuer ainsi successivement le front du peloton de tel nombre de files qu'il voudra, en faisant toujours rompre de nouvelles files du même côté, jusqu'à ce qu'il ne reste plus que trois files de front.

229. Les serre-files se repartiront derrière ce qui reste de la troupe marchant de front.

230. Lorsque l'instructeur voudra faire rentrer des files en lignes, il en donnera l'ordre au chef de peloton qui commandera aussitôt:

1. *Une file de droite (ou de gauche) en ligne.*
2. *Marche.*

231. (PL. XIII. fig. 10) Au commandement de *marche* la première file de celles qui marchent par le flanc, rentrera

vivement en ligne, et les files suivantes gagneront, en avançant l'épaule droite, l'espace d'une file à gauche, si c'est par la gauche qu'on a mis les files en arrière, ou gagneront, en avançant l'épaule gauche, l'espace d'une file à droite, si c'est par la droite qu'on a mis les files en arrière.

232. Le chef de peloton, faisant face à son peloton, veillera à l'observation des principes prescrits.

233. (PL. XIII, fig. 11.) L'instructeur, ayant ainsi fait rompre les files l'une après l'autre, et les ayant fait rentrer en ligne de même, fera rompre deux ou trois files ensemble: les files désignées marqueront le pas; chaque rang avancera, à mesure que le troisème rang du peloton l'aura dépassé, un peu l'épaule extérieure, obliquera à la fois et se placera derrière l'une des trois files voisines, comme si le mouvement s'était exécuté file par file, en observant de ne pas perdre de distance.

234. L'instructeur ordonnera ensuite au chef de peloton de faire rentrer deux ou trois files à-la-fois en ligne; pour cet effet, le chef de peloton commandera :

1. *Trois premières files en ligne.*
2. *Marche.*

235. (PL. XIII, fig. 12.) Les files désignées se porteront vivement, et par le plus court chemin, en ligne.

236. Toutes les fois qu'on mettra des files en arrière, le guide qui est au flanc du peloton appuyera à droite ou à gauche, à mesure que le front diminuera, de manière à se trouver toujours à côté du premier homme de ceux qui marchent de front; il appuyera en sens contraire, à mesure qu'on fera rentrer des files en ligne.

Observations relatives au mouvement de faire mettre des files en arrière, et de les faire rentrer en ligne.

237. Il est de la plus grande importance, relativement à la conservation des distances dans les

colonnes en route, composées de plusieurs bataillons , d'habituer les soldats , dans les écoles de
détail, à exécuter ces mouvemens avec une grande
précision.

238. Si, lorsqu'on fait rompre de nouvelles files,
elles n'alongeaient pas bien le pas en obliquant ;
si, lorsqu'on fait rentrer des files en ligne, elles
ne s'y portaient pas vivement, elles arrêteraient
dans l'un et l'autre cas les files suivantes, ce qui
ferait perdre la distance, et occasionnerait par-là
l'alongement de la colonne.

239 L'instructeur se placera sur le flanc, du
côté où ces mouvemens s'exécutent, pour s'assurer de l'exacte observation des principes.

240. L'instructeur observera qu'en faisant mettre
successivement des files en arrière du même côté,
on peut réduire le front à trois files , derrière
lesquelles les files rompues pourront marcher en
potence.

241. Mais si, au lieu de mettre des files en arrière d'un seul côté , on faisait rompre des files
par les deux ailes à-la-fois, ce qui doit s'exécuter
quelquefois, on ne pourrait plus alors réduire le
front du peloton au-dessous des six files, puisqu'il
en faudrait trois de chaque côté , pour que les
files rompues puissent marcher en potence derrière
elles : si dans cet état de choses, le défaut d'espace obligeait à diminuer encore le front pour le
réduire à cinq ou à quatre ; ce que l'instructeur
supposera quelquefois, il ferait rentrer en ligne à
la fois toutes les files qui sont en arrière du côté
opposé au guide, et rompre en même temps du
côté du guide autant de nouvelles files , plus une
ou deux ; selon qu'il voudrait réduire le front à
cinq ou à quatre, qu'il en aura fait rentrer en ligne du côté opposé : ainsi, par exemple, dans
une colonne de droite en tête, le peloton étant
supposé de douze files , dont trois en potence d-

chaque côté, le défaut d'espace obligeant à se réduire à cinq de front, l'instructeur fera rentrer en ligne les trois files de droite et rompre en même temps quatre nouvelles files à-la-fois à la gauche, ce qui réduira le front à cinq ; pour faciliter l'exécution de ce mouvement il faut que les deux files qui ne doivent pas rompre, obliquent fortement à gauche, afin que les trois files de droite qui sont censées longer le bord du défilé, trouvent de la place pour rentrer en ligne.

ARTICLE 2.

Marcher en colonne au pas de route, et exécuter les divers mouvemens de file prescrits dans l'article précédent.

242. Le peloton étant de pied ferme, et supposé faire partie d'une colonne, l'instructeur voulant le mettre en marche au pas de route, commandera :

1. *Colonne en avant.*
2. *Guide à gauche* ou (*à droite*).
3. *Pas de route.*
4. *Marche.*

243. Au commandement de *marche*, répété par le chef de peloton, les trois rangs partiront ensemble, les deux derniers prendront en marchant environ trois pieds de distance du rang qui les précède respectivement, ce qui étant exécuté, l'instructeur commandera :

5. *L'arme — à volonté.*

244. A ce commandement, les soldats porteront l'arme à volonté comme il a été prescrit dans l'école du soldat N.°120, et ne seront plus tenus à marcher du même pied, ni à observer le silence : les files marcheront à l'aise ; mais on aura attention que les rangs ne se confondent jamais, que les hommes du premier rang ne dépassent jamais le guide qui est du côté de la direction, et que les deux derniers rangs conservent toujours environ trois pieds de distance du rang qui est immédiatement devant eux.

245. Si, la colonne étant en marche au pas cadencé, l'instructeur voulait la faire marcher au pas de route, il commanderait:

1. *Pas de route.*
2. *Marche.*

246. Au commandement de *marche*, le premier rang continuerait à marcher le pas de deux pieds, et second et troisième prendraient en marchant la distance d'environ trois pieds, qui doit les séparer respectivement du rang qui précède: l'instructeur commanderait ensuite *l'arme à volonté*, ce qui s'exécuterait comme il vient d'être prescrit.

247. Le soldat étant en marche au pas de route, l'instructeur fera changer de direction sur le côté du guide et sur le côté opposé, ce qui s'exécutera sans commandement, et à l'avertissement seulement du chef de peloton; le second et le troisième rang viendront successivement tourner à la même place que le premier; chaque rang se conformera, quoiqu'au pas de route, aux principes qui ont été prescrits pour changer de direction à rangs serrés et au pas cadencé, avec cette seule différence que, dans les changemens de direction sur le côté opposé au guide, l'homme qui est au pivot fera le pas d'un pied, au lieu de le faire de six pouces, pour dégager le point de la conversion.

248. L'instructeur fera aussi exécuter les divers mouvemens de file prescrits dans l'article précédent, et de la même manière qui y est indiquée; il fera quelquefois serrer les rangs; et à cet effet, le chef de peloton commandera :

1. *Serrez vos rangs.*
2. *Marche.*

249. Au commandement de *marche*, le premier rang prendra le pas cadencé, les deux derniers rangs, ainsi que les files qui sont en arrière, serreront vivement et prendront ensuite le pas cadencé; les trois rangs prendront l'arme au bras.

250. Lorsque le peloton marchant au pas de route arrêtera, les deux derniers rangs serreront au commandement *halte*, et les soldats porteront les armes: il en serait de même, si le peloton marchait à rangs serrés, l'arme au bras. Ce principe est général, quelque soit le nombre des pelotons.

251. La vitesse du pas de route sera dans cette école de 76 par minute, afin d'affermir de plus en plus les soldats dans ce mouvement de 76; mais dans l'école de bataillon, la vitesse du pas de route sera de 85 à 90, qui devra être habituellement celle des colonnes en route, lorsque la nature du pays et des chemins le permettra.

ARTICLE 3.

Rompre et former le peloton.

Rompre le peloton.

252. Le peloton étant en marche au pas cadencé, et supposé faire partie d'une colonne qui a la droite en tête, l'instructeur voulant faire rompre par section, en donnera l'ordre au chef de peloton, lequel commandera :

1. *Rompez le peloton;*

(Pl. IX. fig. 1.) Et se portera aussitôt devant le centre de la première section.

253. Le chef de la seconde section, placé derrière le centre de sa section, se portera à ce commandement devant le centre de cette section, où étant arrivé, il commandera :

Marquez le pas.

254. Le chef de peloton commandera ensuite;

2. *Marche.*

255. La première section continuera à marcher

droit devant elle ; et le sous-officier de remplacement se portera au flanc gauche de cette section, dès qu'elle aura déboîté, passant pour cet effet par devant le premier rang.

256. Au commandement *marche* du chef de peloton, la seconde section marquera le pas à l'avertissement du chef de cette section, et obliquera de même à droite, aussitôt que le troisième rang de la première l'aura dépassée.

257. Le guide de la deuxième section étant près d'arriver dans la direction de celui de la première, le chef de la seconde section fera le commandement *en avant* et celui *marche*, à l'instant où le guide de sa section couvrira celui de la première.

258. On rompra par section, la colonne ayant la gauche en tête, et par les moyens inverses, en appliquant à la première section tout ce qui a été prescrit pour la deuxième section, et réciproquement.

259. Dans cette supposition de la gauche en tête, le guide de gauche du peloton se portera au flanc droit de la deuxième section, dès qu'elle aura déboîté ; le sous-officier de remplacement, placé au flanc droit de la première section, y restera.

Former le peloton.

260. La colonne étant en marche par section, la droite en tête, l'instructeur voulant faire former le peloton en donnera l'ordre au chef de peloton, lequel commandera :

1. (PL. IX, fig. 2.) *Formez le peloton.*

261. Le chef de peloton, ayant fait ce commandement, préviendra la première section qu'elle devra obliquer à droite.

262. Le chef de la seconde section la préviendra qu'elle devra continuer à marcher droit devant elle.

263. Le chef de peloton commandera ensuite :

2. *Marche.*

264. A ce commandement répété par le chef de la seconde section, la première obliquera à droite pour démasquer la deuxième , et le sous-officier de remplacement placé au flanc gauche de cette section se portera au flanc droit , passant , pour cet effet, par devant le premier rang.

265. Lorsque la première section sera près de démasquer la deuxième, le chef de peloton fera le commandement *en avant* et celui de *marche*, à l'instant où sa section aura achevé de démasquer la deuxième.

266. La deuxième section continuera pendant ce tems à marcher droit en avant au même pas ; et la première après l'avoir démasquée , marquera le pas pour attendre la deuxième à laquelle elle se réunira.

267. On formera le peloton , dans une colonne ayant la gauche en tête, par les moyens inverses, en obliquant à la deuxième section tout ce qui a été prescrit pour la première , et réciproquement.

268. Le guide de la deuxième section, placé au flanc droit de cette section , se portera au flanc gauche , dès qu'elle commencera à obliquer ; le guide de la première, placé au flanc droit de cette section , y restera.

269. L'instructeur exercera ensuite le peloton à se rompre et à se reformer au pas de route , ce qui s'exécutera par les mêmes commandemens et les mêmes moyens qu'au pas cadencé, avec cette seule différence que , dans la section qui devra obliquer, chaque homme fera un *demi à droite* ou un *demi à gauche*, au lieu de maintenir ses épaules carrément en ligne, comme il a été prescrit de le faire en obliquant au pas cadencé.

270. L'instructeur fera aussi quelquefois rompre et former le peloton à son commandement : il fera

alors ceux qui ont été prescrits ci-dessus pour le chef de peloton.

Observation relatives au mouvement de rompre et former le peloton.

271. En rompant et en formant le peloton, il est nécessaire que les sections alongent bien le pas en obliquant, pour éviter de perdre du terrain, et pour ne pas arrêter la marche de la subdivision suivante.

272. Si, en rompant le peloton, la section qui doit rompre marquait le pas trop long-temps, elle pourrait arrêter la marche du peloton suivant, ce qui ferait alonger la colonne.

273. Si, en rompant ou en formant le peloton, les sections obliquaient trop long-temps, elles seraient obligées d'obliquer ensuite en sens contraire, pour réparer cette faute, et par-là le peloton suivant pourrait se trouver arrêté dans sa marche.

274. Lorsque, dans une colonne de plusieurs pelotons, on rompra les pelotons successivement, il est de la plus grande importance que chaque peloton continue à marcher le même pas, sans le raccourcir ni le ralentir, pendant que celui qui le précède rompra, quand même il serait obligé de serrer entièrement sur ce dernier: cette attention est indispensable pour prévenir l'alongement de la colonne.

275. Des fautes, peu sensibles dans une colonne d'un petit nombre de pelotons, auraient des inconvéniens graves dans une colonne de plusieurs bataillons; ainsi l'instructeur doit veiller avec le plus grand soin à l'observation des principes prescrits; et pour cet effet, il se placera sur le flanc du côté de la direction, d'où il pourra le mieux apercevoir tous les mouvemens.

ARTICLE 4.

Contre-marche.

276. Le peloton étant de pied-ferme, et supposé faire partie d'une colonne, la droite en tête, l'instructeur voulant lui faire exécuter la contre-marche, commandera :

1. (PL. IX, fig. 3.) *Contre-marche.*
2. *Peloton par le flanc droit.*
3. *A droite.*
4. *Par file à gauche.*
5. *Marche.*

277. Au troisième commandement, le peloton fera à droite ; le chef de peloton se portera à côté du guide de droite, et le guide de gauche fera *demi-tour à droite.*

278. Au commandement de *marche*, le guide de gauche ne bougera pas, le peloton partira vivement ; la première file conduite par le chef de peloton, exécutera une demi-conversion à gauche, et se dirigera ensuite en passant devant le premier rang, de manière à arriver à deux pas en arrière du guide de gauche qui n'aura pas suivi le mouvement du peloton ; chaque file viendra converser successivement à la même place que la première , et par les mêmes principes. La première file étant arrivée à hauteur du guide de gauche, le chef de peloton commandera :

1. *Peloton.*
2. *Halte.*
3. *Front.*
4. *A droite -- alignement.*

279. Le premier commandement se fera à deux pas du point où le peloton devra arrêter.

280. Au deuxième , le peloton arrêtera.

281. Au troisième , le peloton fera face par le premier rang.

282. Au quatrième, le peloton se portera sur l'alignement indiqué par la position du guide de gauche ; l'homme de droite du premier rang se placera à la gauche et à côté de lui : le chef de peloton se placera en dehors de ce guide, à environ deux pas de distance, et dirigera l'alignement, ce qui étant achevé, il commandera *fixe*, et se portera devant le centre de son pe-

loton : le sous-officier de remplacement se placera alors à la droite du premier rang, et le guide de gauche qui s'y trouvait se portera à la gauche du même rang.

283. Dans une colonne la gauche en tête, la contre-marche s'exécutera par les commandemens et moyens inverses, mais d'après les mêmes principes; ainsi le mouvement se fera par le flanc droit des subdivisions; si la droite est en tête, par le flanc gauche, si la gauche est en tête, passant toujours devant le premier rang.

284. Enfin, si la colonne était formée par section, la contre-marche s'exécuterait par les mêmes commandemens et de la même manière que dans une colonne par peloton.

ARTICLE 5.

Étant en colonne par section, se former sur la droite ou sur la gauche en bataille.

285. La colonne étant en marche par section, la droite en tête, l'instructeur voulant la former sur la droite en bataille, commandera :

1. *Sur la droite en bataille.*
2. *Guide à droite.*

286. Au second commandement, le guide de chaque section se portera légèrement sur le flanc droit de sa section, et les soldats prendront le contact des coudes à droite; la colonne continuera à marcher droit devant elle.

287. L'instructeur ayant fait son second commandement, se portera légèrement au point où il voudra appuyer la droite du peloton en bataille, et s'y placera face au point de direction de gauche qu'il choisira.

288. La ligne de bataille devra être telle, que chaque section, après avoir tourné à droite, ait au moins quatre pas à faire pour y arriver.

189. La tête de la colonne é.ant près d'arriver à hauteur de l'instructeur placé au point d'appui, le chef de la première section commandera :

Tournez à droite.

290. Et lorsqu'elle sera vis-à-vis l'instructeur, le chef de section commandera :

Marche.

291. Au commandement *marche*, la première section tournera à droite, en se conformant, à ce qui a été prescrit dans l'école du soldat, N.° 270, et se portera ensuite en avant ; le guide se dirgera de manière que l'homme du premier rang, placé à côté de lui, arrive vis-à-vis l'instructeur, le chef de de peloton marchera à deux pas devant le centre de la première section, et lorsqu'elle sera arrivée à hauteur de l'instructeur, il commandera :

1. *Section.*
2. *Marche.*

292. Au commandement de *halte*, la section arrêtera le guide se portera aussitôt sur la ligne de bataille, vis-à-vis l'une des trois de gauche de sa section, et fera face à l'instructeur qui l'alignera sur le point de direction de gauche ; le chef de peloton se portera en même temps au point où devra s'appuyer la droite du peloton, et commandera :

Droite -- alignement.

293. A ce commandement, la première section s'alignera.

294. La deuxième section continuera à marcher droit devant elle, jusqu'à ce qu'elle arrive vis-à-vis le flanc gauche de la première, alors elle tournera à droite au commandement de son chef, et se portera ensuite vers la ligne de bataille, le guide se dirigeant sur la file de gauche de la première section.

295. La deuxième section étant arrivée à deux pas de la ligne de bataille, sera arrêté par son chef, par les commandemens prescrits pour la pre-

mière ; à l'instant où elle arrêtera, le guide se portera légèrement sur la direction face au guide de la première section, et y sera assuré par l'instructeur; il observera de se placer vis-à-vis l'un des trois files de gauche de la section.

296. Le chef de la deuxième section, voyant son guide établi sur la ligne de bataille, commandera:

A droite--alignement.

197. Le chef de la seconde section, ayant fait ce commandement, se portera en serre-file : la seconde section se portera sur l'alignement de la première.

293. L'homme de chaque section qui correspond au guide de sa section, appuyera toujours sa poitrine légèrement contre le bras de ce guide, à l'instant où la section se portera sur l'alignement.

299. L'instructeur voyant le peloton en bataille commandera :

Guides--à vos places.

300. A ce commandement, le sous-officier de remplacement se portera derrière le chef de peloton; le guide de la seconde section se portera en serre-file.

301. Une colonne par section, la gauche en tête se formera *sur la gauche en bataille,* d'après les mêmes principes, l'instructeur commandera :

1. *Sur la gauche en bataille.*
2. *Guides à gauche.*

302. Au second commandement, le guide de chaque section se portera légèrement sur le flanc gauche de sa section; les soldats prendront le tact des coudes à gauche : la colonne continuera à marcher droit devant elle.

303. L'instructeur, ayant fait son second commandement, se portera légèrement au point où il voudra appuyer le flanc gauche de peloton en bataille, et s'y placera face au point de direction de droite qu'il choisira.

304. L'instructeur observera de se placer de manière que chaque section, après avoir tourné pour se porter sur la ligne de bataille, ait au moins quatre pas à faire pour arriver sur cette ligne.

305. La tête de la colonne étant près d'arriver vis-à-vis l'instructeur placé an point d'appui, le chef de la seconde section commandera :

Tournez à gauche.

Et lorsqu'elle sera arrivée vis-à-vis de l'instructeur, le chef de section commandera :

Marche.

306. An commandement *marche*, la seconde section tournera à gauche en se conformant à ce qui a été prescrit dans l'école du soldat n.º 270, et se portera ensuite droite en avant; le guide se dirigera de manière que l'homme du premier rang placé à côté de lui arrive vis-à vis l'instructeur; le chef de section marchera devant le centre de sa section, et lorsque la deuxième section sera arrivée à hauteur de l'instructeur, son chef commandera :

Section.
Halte.

307. Au commandement de *halte*, la seconde section s'arrêtera; le guide se portera aussitôt sur la ligne de bataille vis-à-vis l'une des trois files de droite de sa section, et fera face à l'instructeur, qui l'alignera sur le point de direction de droite; le chef de la seconde section se portera en même temps au point où devra s'appuyer la gauche du peloton, et commandera :

A gauche -- alignement.

308. A ce commandement, la seconde section s'alignera; l'homme du premier rang qui correspond au guide, appuyera légèrement sa poitrine contre le bras gauche de ce guide, et le chef de la seconde section en dirigera l'alignement sur cet homme.

309. La première section continuera à marcher droit devant elle, jusqu'à ce qu'elle soit arrivée à

hauteur du flanc droit de la seconde; alors elle tournera à gauche au commandement de son chef, se portera ensuite en avant: le guide se dirigera sur la file de droite de la seconde section.

310. La première section étant arrivée à deux pas de la ligne de bataille, sera arrêtée par son chef par les commandemens prescrits pour la seconde; à l'instant où elle arrêtera, le guide se portera légèrement sur la direction, face au guide de la seconde section, et y sera assuré par l'instructeur: il observera de se placer vis-à-vis l'une des trois files de droite de sa section. Le chef de peloton se portera en même tems à la gauche du peloton, à la place du chef de la seconde section, qui se portera en serre-file.

311. Le chef de peloton, s'étant placé à la gauche de son peloton, commandera aussitôt :

A gauche--alignement.

312. A ce commandement, la première section se portera sur la ligne; le chef de peloton en dirigera l'alignement sur l'homme de droite qui correspond au guide de cette section.

313. L'instructeur voyant le peloton en bataille, commandera :

Guides -- à vos places.

314. A ce commandement, le chef de peloton se portera à la droite de son peloton, le sous-officier de remplacement se portera derrière lui au troisième rang, et le guide de la seconde section se portera en serre-file.

Observations générales relatives à l'école de peloton.

315. L'instructeur fera souvent prendre l'arme au bras, dans l'exécution des quatre dernières leçons, et habituera les soldats à marcher ainsi avec la même régularité et précision que s'ils portaient l'arme; ce qui est un grand moyen de leur épargner de la fatigue, et d'empêcher qu'ils ne se négligent sur le port d'armes, qui doit être toujours régulier.

Lorsque le soldat portera l'arme au bras en marchant, il lui sera permis de laisser la main droite à la poignée du fusil, ou de la laisser tomber sur le côté, selon qu'il y trouvera plus d'aisance.

316. Le soldat pourra de même, au pas de route, porter son arme de la manière qu'il trouvera la plus commode, ayant seulement attention que le bout du fusil soit assez élevé pour prévenir les accidens.

317. Lorsque les compagnies devront être exercées en détail à l'école de peloton, le commandant du régiment ou celui du bataillon, si c'est un seul bataillon, indiquera la leçon ou les leçons qu'elles devront exécuter, et donnera toujours par un roulement le signal pour commencer toutes ensemble. A mesure que les compagnies achèveront chaque leçon, elles reposeront sur les armes; et lorsque le commandant du régiment ou du bataillon voudra faire recommencer, il fera battre de nouveau un roulement.

INSTRUCTION POUR TIRER A LA CIBLE.

L'importance dont il est d'apprendre aux soldats à tirer avec justesse, est généralement reconnue.

Pour remplir cet objet essentiel de leur instruction, on employera les moyens suivans.

On fera faire une ou plusieurs cibles par bataillon; la cible aura cinq pieds et demi de haut et vingt-un pouces de large; le milieu sera marqué par une bande de couleur tranchante, de trois pouces de large, tracée horizontalement; l'extrémité supérieure sera marquée par une bande semblable.

Les soldats seront exercés à ce but, d'abord à 50 toises, ensuite à 100 toises, et finalement à 150.

A 50 ainsi qu'à 100 toises, les soldats viseront à la bande inférieure; à 150 toises, ils viseront à la bande supérieure : on les fera tirer homme par homme, d'abord sans commandement, et ensuite au commandement, lorsqu'ils auront appris à ajuster avec précision.

On leur recommandera de bien appuyer la crosse contre l'épaule droite, dans la position de *joue*, de bien soutenir l'arme de la main gauche, et d'aligner promptement la culasse et le bout du canon sur la bande à laquelle ils devront viser ; on leur fera quelquefois le commandement de *redressez-vos armes* après celui de *joue,* afin qu'ils acquièrent de la facilité à tomber en joue dans la direction du but, et à ajuster promptement.

On leur recommandera aussi d'appuyer avec force le premier doigt sur la détente, au commandement de *feu*, sans remouer la tête ni déranger le moins du monde la direction de l'arme ; et, pour mieux faire observer ces principes essentiels, on fera rester les hommes dans la position de *joue,* après avoir tiré, et jusqu'au commandement de *chargez.*

Tous les caporaux, grenadiers et fusiliers passeront chaque année à cette école ; et on y affectera la majeure partie des munitions destinées aux exercices. On notera dans chaque compagnie les meilleurs tireurs.

Les recrues de chaque année seront instruites avec un soin particulier à tirer à la cible, après qu'ils auront été exercés à tirer en blanc et à poudre.

On aura soin de faire ramasser les balles que l'on pourra retrouver, afin de les refondre.

MANIEMENT DE L'ARME

DES SOUS OFFICIERS.

Les sous-officiers de grenadiers et de fusiliers auront toujours, ainsi que la troupe, la baïonnette au bout du fusil.

Les sous-officiers de remplacement et de serre-file, ainsi que ceux attachés à la garde du drapeau, porteront l'arme ainsi qu'il va être prescrit.

Port de l'arme.

L'arme dans le bras droit et au défaut de l'épaule; le canon en arrière et d'à-plomb, la baguette en dehors, le bras droit presque alongé, la main droite embrassant le chien et la sous-garde, la crosse à plat le long de la cuisse droite, la main gauche pendante sur le côté derrière le sabre.

Présentez---vos armes.

Un tems et deux mouvemens.

Premier mouvement.

Porter l'arme avec la main droite d'à-plomb vis-à-vis l'œil gauche, la baguette en avant, le chien à l'hauteur du dernier bouton de la veste, empoigner en même temps l'arme brusquement avec la main gauche, le petit doigt de cette main contre le ressort de la batterie, le pouce alongé le long du canon contre la monture, l'avant-bras gauche collé au corps sans être gêné, rester face en tête sans bouger les pieds.

Deuxième mouvement.

Empoigner l'arme de la main droite au-dessous et contre la sous-garde, comme les soldats.

Portez---vos armes.

Un tems et deux mouvemens.

Premier mouvement.

Glisser la main gauche jusqu'à la hauteur de l'épaule, et porter avec cette main l'arme d'à-plomb contre l'épaule droite, empoigner avec la main droite le chien et la sous-garde, le bras droit presque alongé.

Deuxième mouvement.

Laisser tomber la main gauche pendante derrière le sabre.

Reposez vous---sur vos armes.

Un temps et deux mouvement.

Premier mouvement.

Porter brusquement la main gauche à la capucine du milieu, détacher un peu l'arme de l'épaule avec la main droite, lâcher en même temps la main droite, descendre l'arme de la main gauche, la ressaisir avec la main droite au-dessus de la première capucine d'en bas, le pouce droit sur le canon pour l'empoigner, les quatre doigts alongés sur le bois, l'arme d'à-plomb, la crosse à trois pouces de terre, le talon de la crosse dirigé sur le côté de la pointe du pied droit, et laisser tom. ber la main gauche derrière le sabre.

Deuxième mouvement.

Laisser glisser l'arme dans la main droite, en ouvrant un peu les doigts, de manière que le talon de la crosse se place à côté et contre la pointe du pied droit.

Vos armes---à terre.

Comme le soldat.

Relevez---vos armes.

Comme le soldat.

Portez.--vos armes.

Un temps et deux mouvemens.

Premier mouvement.

Elever l'arme perpendiculairement avec la main droite à hauteur du teton droit, vis-àvis de l'épaule, à deux pouces du corps, le coude droit y restant joint ; saisir l'arme de la main gauche au dessous de la main droite, à la première capucine, et aussitôt descendre la main droite pour empoigner la sous-garde et le chien, en appuyant l'arme à l'épaule.

Second mouvement.

Laisser tomber la main gauche pendante derrière le sabre, le bras droit presque alongé.

L'arme--au bras.

Un tems et trois mouvemens.

Premier mouvement.

Porter l'arme en avant avec la main droite entre les deux yeux et d'à-plomb, la baguette en déhors ; saisir l'arme de la main gauche à la première capucine d'en bas, la relever à hauteur du menton, et empoigner en même temps l'arme de la main droite, à quatre pouces au-dessous de la platine.

Second mouvement.

Retourner l'arme avec la main droite, le canon en déhors, l'appuyer à l'épaule gauche, et passer, l'avant-bras gauche horizontalement sur la poitrine, entre la main droite et le chien, qui sera appuyé sur l'avant-bras gauche, la main gauche sur le teton droit.

Troisième mouvement.

Laisser tomber la main droite pendante sur le côté.

Portez—vos armes.

Un tems et trois mouvemens.

Premier mouvement.

Empoigner l'arme avec la main droite au-dessous et contre l'avant-bras gauche.

Second mouvement.

Porter l'arme avec la main droite d'à-plomb contre l'épaule droite, la baguette en avant, la saisir avec la main gauche à hauteur de l'épaule droite, tourner en même temps la main droite, pour empoigner la sous-garde et le chien, le bras droit presque alongé.

Troisième mouvement.

Laisser tomber la main gauche pendante derrière le sabre.

Maniement du fusil des caporaux.

Lorsque les caporaux seront dans le rang, ils porteront l'arme comme le soldat ; mais, s'ils doivent être en serre-file, ou s'ils doivent marcher à la tête d'une troupe ou d'une pose de sentinelles, ils porteront le fusil dans le bras droit comme les sergens ; ce qui s'exécutera de la manière suivante ;

Portez — l'arme comme sergent.

Un tems et trois mouvemens.

Premier mouvement.

Empoigner l'arme avec la main droite, en tournant la platine en dessus, comme au premier mouvement de *présentez — vos armes.*

Second mouvement.

Porter l'arme d'à-plomb avec la main droite contre l'épaule droite, la baguette en déhors ; le bras droit presque alongé, la main droite empoignant le chien et la sous-garde, saisir l'arme avec la main gauche à hauteur de l'épaule.

Troisième mouvement.

Laisser tomber la main gauche pendante derrière le sabre.

Portez -- l'arme comme le soldat.

Un temps et trois mouvemens.

Premier mouvement.

Détacher l'arme de l'épaule droite, la porter d'à-plomb entre les deux yeux; la saisir avec la main gauche à hauteur de la cravate; prendre avec la main droite l'arme à la poignée, la fixant à hauteur du dernier bouton de la veste, la baguette en avant.

Second mouvement.

Elever l'arme avec la main droite, le pouce alongé le long de la contre-platine; tourner le canon en déhors; placer l'arme contre l'épaule gauche; descendre en même temps la main gauche sous la crosse.

Troisième mouvement.

Laisser tomber la main droite sur le côté.

Maniement de l'épée des officiers.

Port de l'épée dans les rangs.

La poignée dans la main droite, qui sera placée à hauteur et contre la hanche droite; la lame appuyée à l'épaule.

Port de l'épée hors du rang.

La poignée dans la main droite, qui sera placée en avant de la hanche droite, la lame dans la main gauche, la pointe dépassant de quatre doigts le

pouce de la main gauche, qui sera alongé sur la
lame, le coude gauche plié, l'avant-bras un peu
en avant, la main gauche vis-à-vis et à quatre pouces plus bas que l'épaule gauche.

Reposez--vous sur vos armes.

Renverser la main et la poignée, les ongles en
dessus, le bras droit tendu, la pointe de la lame
un peu en avant et à deux pouces de terre.

Salut de l'épée, soit dans le rang, soit en marchant.

Quatre temps.

UN . : . Elever l'épée perpendiculairement, la pointe en
haut, la lame plate vis-à-vis l'œil droit, la garde à
hauteur du teton droit.

DEUX . Baisser brusquement la lame en étendant le bras,
de manière que la main droite soit placée à côté de
la cuisse droite, et rester dans cette position jusqu'à
ce que la personne qu'on a saluée, soit dépassée
de deux pas.

TROIS , . Relever l'épée brusquement, la tenant comme au
premier temps ci-dessus.

QUATRE . Porter l'épée à l'épaule droite, ou bien abaisser
la lame dans la main gauche.

Salut du drapeau.

Dans les rangs, les porte-drapeaux porteront toujours le drapeau le talon à la hanche droite, soit de
pied ferme, soit en marchant; et lorsque les drapeaux devront rendre les honneurs, les porte-drapeaux salueront de la manière suivante :

La personne qu'on devra saluer étant éloignée de
six pas, baisser doucement la lance jusqu'à six
pouces de terre, restant face en tête, sans que
le talon du drapeau quitte la hanche; relever dou-

cement la lance, lorsque la personne qu'on aura
saluée, sera dépassée de deux pas.

Instructions pour le tambour-major.

La place des tambours en bataille a été déter-
minée dans le titre I.er

En colonne de manœuvre, les tambours marcheront à hauteur du cinquième peloton de leurs bataillons, du côté opposé au guide.

Dans la colonne en route, ainsi que dans le
passage du défilé en avant et en retraite, ils marcheront à la tête de leurs bataillons respectifs dans
les intervalles.

Signaux du tambour-major pour les différentes batteries.

1. LA GÉNÉRALE . . . Etendre le bras droit, empoigner la
canne au milieu, et élever la pomme à
hauteur de la cravate

2. L'ASSEMBLÉE . . . . Etendre le bras, élever la canne à
peu-près d'un pied de terre, en mettant
le pouce sur la pomme.

3. LE RAPPEL . . . . . Mettre la canne sur l'épaule droite,
le bout en arrière.

4. AUX DRAPEAUX . . Elever le bras, tourner le poignet en
dedans de façon que la canne croise horizontalement devant soi à hauteur de la
cravate.

5. AUX CHAMPS . . . Elever la canne perpendiculairement
le bout en haut, le bras étendu à hau-
teur de l'épaule droite.

6. LE PAS ACCÉLÉRÉ . Porter la canne directement devant
soi, le bout en avant, le bras étendu.

7. LA RETRAITE . . . Passer la canne croisée derrière le dos.

8. LA BERLOQUE . . . Prendre la canne par le cordon et é-
tendre le bras à hauteur de l'épaule.

9. AUX ARMES . . . . Porter la canne sur l'épaule gauche, le
bout en arrière.

Signaux pour les évolutions des tambours.

1. Pour faire marcher par le flanc droit ; prendre la canne par le milieu, et étendre le bras à droite.

2. Pour faire marcher par le flanc gauche, faire le même signal en étendant le bras à gauche.

3. Pour faire rompre le peloton, laisser tomber le bout de la canne dans la main gauche à hauteur des yeux.

4. Pour former le peloton, laisser tomber la pomme de la canne dans la main gauche à hauteur des yeux.

5. Pour faire changer de direction, se tourner à demi vers les tambours, et leur indiquer par un mouvement de sa canne de quel côté ils devront tourner.

6. Pour faire marcher obliquement à droite, étendre le bras droit à hauteur de l'épaule, tenir la canne de biais, et en empoigner le bout de la main gauche à hauteur de la hanche.

7. Pour faire marcher obliquement à gauche, faire le signal inverse ; la pomme de la canne indiquera toujours le côté vers lequel on devra obliquer.

Poser la caisse à terre.

1. REMETTRE LES BAGUETTES. Empoigner la canne au-dessus de la pomme, l'élever à hauteur des yeux en étendant le bras en avant.

2. DÉFAIRE LA CAISSE. Rapprocher la pomme contre la poitrine.

3. POSER LA CAISSE A TERRE. Comme pour remettre les baguettes.

1. RELEVER LA CAISSE. Faire les mêmes signaux avec

2. RATTACHER LA CAISSE. la canne que pour remettre les

3. TIRER LES BAGUETTES. baguette pour défaire la caisse et pour la poser à terre.

TABLE.

Formation d'un régiment en ordre de bataille Pag.   3

Place des officiers et sous officiers dans l'ordre de bataille   5

Places des officiers supérieurs, adjudans-majors et adjudans   6

Places des tambours et musiciens   7

Garde du drapeau   ibid.

Instruction des régimens   8

Instruction des officiers   ibid.

Instructions des sous-officiers   9

ÉCOLE DU SOLDAT . 10

PREMIÈRE PARTIE   ibid.

SECONDE PARTIE   23

TROISIÈME PARTIE   52

ÉCOLE DE PELOTON . 66

PREMIÈRE LEÇON   68

DEUXIÈME LEÇON   74

TROISIÈME LEÇON   79

QUATRIÈME LEÇON   87

CINQUIÈME LEÇON   93

SIXIÈME LEÇON .   106

Instruction pour tirer à la cible   122

Maniement de l'arme des sous-officiers   123

Maniement de l'épée des officiers   128

Salut de l'épée   192

Salut du drapeau   ibid.

Instructions pour le tambour-major   130